Impressum
Verlag: BABADADA GmbH, Nedderfeld 112 , 22529 Hamburg
Geschäftsführer / Verlagsleitung: Harald Hof
Druck: Books on Demand GmbH, In de Tarpen 42, 22848 Norderstedt

Imprint
Publisher: BABADADA GmbH, Nedderfeld 112 , 22529 Hamburg, Germany
Managing Director / Publishing direction: Harald Hof
Print: Books on Demand GmbH, In de Tarpen 42, 22848 Norderstedt

សាលារៀន
σχολείο

បន្ទប់រៀន
σχολική τάξη

ធ្វើក
διαιρώ

186/2

ក្ដារ
πίνακας

គ្រូបង្រៀន
δάσκαλος

ទីធ្លាសាលារៀន
σχολική αυλή

ក្រដាស
χαρτί

សរសេរ
γράφω

ប៊ិក
στυλό

តុការិយាល័យ
γραφείο

បន្ទាត់
χάρακας

សៀវភៅ
βιβλίο

កូនសិស្ស
μαθητής

សម្ភារៀតសៀវភៅ
σχολική τσάντα

ប្រអប់ដាក់ខ្មៅដៃ
κασετίνα/ μολυβοθήκη

ខ្មៅដៃ
μολύβι

ប្រដាប់ខ្ចង់ខ្មៅដៃ
ξύστρα

ជ័រលុប
γόμα

ផ្ទាំងគំនូរ
μπλοκ ζωγραφικής

គំនូរ

ζωγραφική

ជក់គូរ

πινέλο

ប្រអប់ថ្នាំលាប

κουτί χρωμάτων

កន្ត្រៃ

ψαλίδι

ការបិទ

κόλλα

សៀវភៅលំហាត់

τετράδιο ασκήσεων

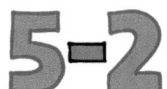

កិច្ចការផ្ទះ

εργασία για το σπίτι

លេខ

αριθμός

បូក

προσθέτω

ដក

αφαιρώ

គុណ

πολλαπλασιάζω

គណនា

υπολογίζω

(image of letter A)

លិខិត

γράμμα

ABCDEFG HIJKLMN OPQRSTU VWXYZ

អក្ខរក្រម

αλφάβητο

hello

ពាក្យ

λέξη

អត្ថបទ
....
κείμενο

អាន
....
διαβάζω

ដីស
....
κιμωλία

មេរៀន
....
μάθημα

ចុះឈ្មោះ
....
εγγράφομαι

ការប្រលង
....
τεστ

វិញ្ញាបនបត្រ
....
πιστοποιητικό

ឯកសណ្ឋានសាលា
....
μαθητική στολή

ការអប់រំ
....
εκπαίδευση

សព្វវចនាធិប្បាយ
....
εγκυκλοπαίδεια

សាកលវិទ្យាល័យ
....
πανεπιστήμιο

មីក្រូទស្សន៍
....
μικροσκόπιο

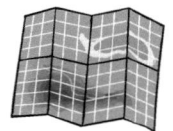

ផែនទី
....
χάρτης

កន្ត្រករងាក់សំរាមក្រដាស
....
καλάθι αχρήστων

ការធ្វើដំណើរ

ταξίδι

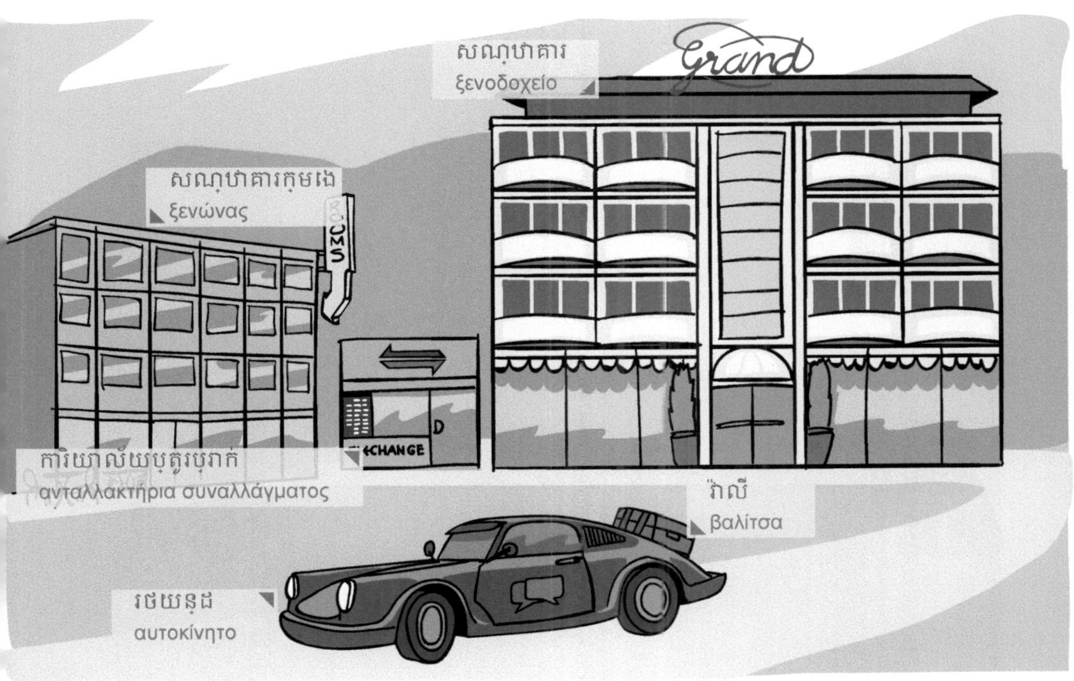

សណ្ឋាគារ
ξενοδοχείο
Grand
សណ្ឋាគារក្មេង
ξενώνας
ការិយាល័យប្តូរប្រាក់
ανταλλακτήρια συναλλάγματος
EXCHANGE
វ៉ាលី
βαλίτσα
រថយន្ត
αυτοκίνητο

ភាសា

γλώσσα

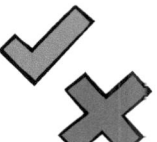

បាទ / ទេ

ναι / όχι

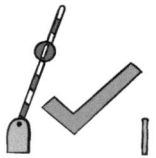

យល់ព្រម

εντάξει

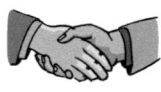

សាយ័ន្តសួស្តី!

γεια σου

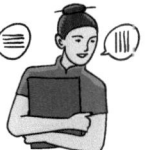

អ្នកបកប្រែ

μεταφραστής

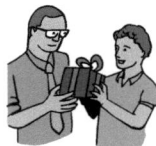

សូមអរគុណ

Ευχαριστώ

ចុលប៉ុន្មាន... ?

πόσο κάνει ;

ខ្ញុំមិនយល់

Δε καταλαβαίνω

បញ្ហា

πρόβλημα

ទិវាសួស្តី!

Καλησπέρα!

អរុណសួស្តី

Καλημέρα!

រាត្រីសួស្តី!

Καληνύχτα!

លាហើយ

Αντίο

ទិសដៅ

κατεύθυνση

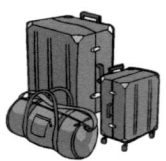

អីវ៉ាន់

αποσκευές

កាប៉ូប

τσάντα

កាប៉ូបស្ពាយកូរពោយ

σακίδιο πλάτης

ក្ញៀរ

καλεσμένος

បន្ទប់

δωμάτιο

ថង់ដេក

υπνόσακος

តង់

σκηνή

ព័ត៌មានទេសចរណ៍
τουριστικές πληροφορίες

ឆ្នេរ
παραλία

កាតឥណទាន
πιστωτική κάρτα

អាហារពេលព្រឹក
πρωινό

អាហារថ្ងៃត្រង់
μεσημεριανό

អាហារពេលល្ងាច
δείπνο

សំបុត្រ
εισιτήριο

ជណ្តើរយន្ត
ανελκυστήρας

តែម
γραμματόσημο

ព្រំដែន
σύνορα

គយ
τελωνείο

ស្ថានទូត
πρεσβεία

ទិដ្ឋាការ
βίζα

លិខិតឆ្លងដែន
διαβατήριο

ការដឹកជញ្ជូន

μεταφορά

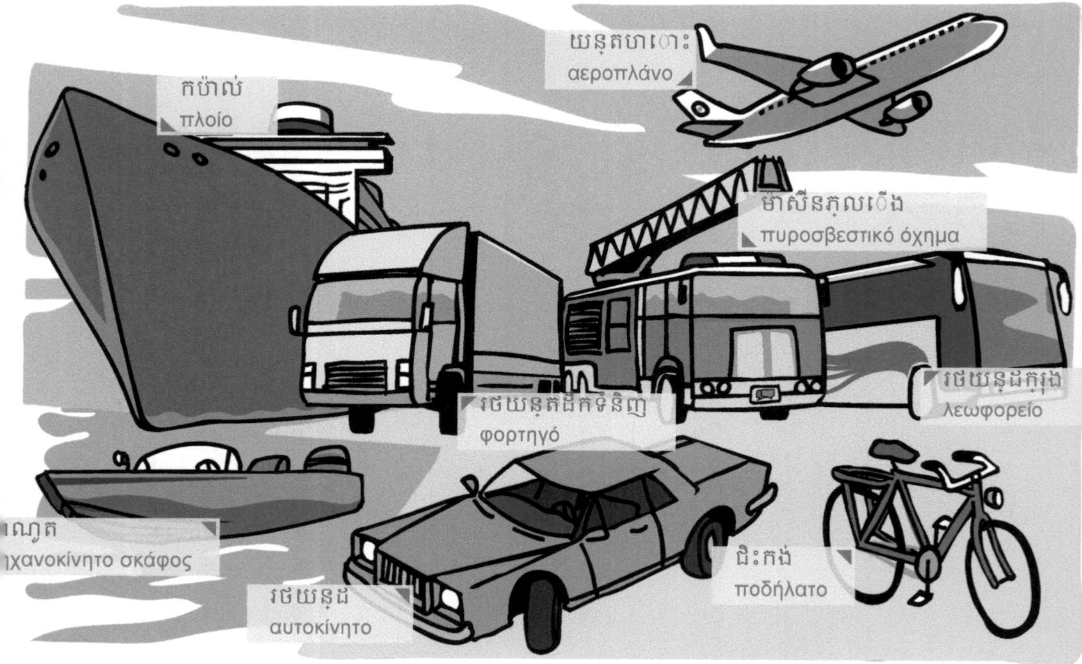

កប៉ាល់
πλοίο
យន្តហោះ
αεροπλάνο
ម៉ាស៊ីនភ្លើង
πυροσβεστικό όχημα
រថយន្តដឹកទំនិញ
φορτηγό
រថយន្តក្រុង
λεωφορείο
ណូត
ηχανοκίνητο σκάφος
រថយន្ដ
αυτοκίνητο
ជិះកង់
ποδήλατο

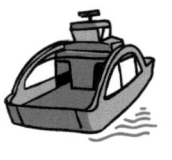

សាឡាង

φεριμπότ

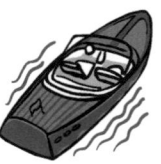

ទូក

βάρκα

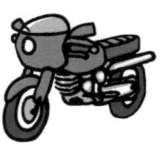

ម៉ូតូ

μοτοσικλέτα

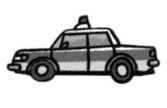

រថយន្តប៉ូលិស

περιπολικό

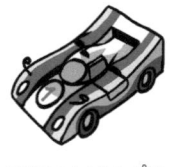

រថយន្តប្រណាំង

αγωνιστικό αυτοκίνητο

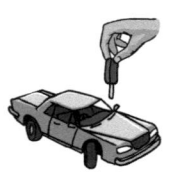

រថយន្តជួល

ενοικιαζόμενο αυτοκίνητο

ការចែកវិលែកវេយ៉ន្ត

διαμοιρασμός αυτοκινήτων

ឡានសូទូច

γερανός

ឡានបុរមូលសំរាម

απορριμματοφόρο

ម៉ូតូ

κινητήρας

ប្រេងឥន្ធនៈ

καύσιμο

ស្ថានីយបុរេង

βενζινάδικο

ស្លាកសញ្ញាចរាចរណ៍

πινακίδα σήμανσης

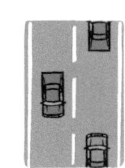
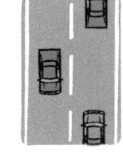

ការធ្វេីចរាចរណ៍

κυκλοφορία

កកស្ទះចរាចរណ៍

κυκλοφοριακή συμφόρηση

ចំណត

χώρος στάθμευσης

ស្ថានីយរថភ្លេីងេ

σιδηροδρομικός σταθμός

ផ្លូវរដៃ

σιδηροδρομικές γραμμές

រថភ្លេីងេ

τρένο

រថអគ្គីសនី

τραμ

ទូរថភ្លេីងេ

βαγόνι

ឧទ្ធម្ភាគចក្រ

ελικόπτερο

ពុលានយន្តហោះ

αεροδρόμιο

ប៉ម

πύργος

អ្នកដំណើរ

επιβάτης

កុងតឺន័រ

εμπορευματοκιβώτιο

ករដាសកាតុង

χαρτοκιβώτιο

រទេះ

καρότσι

កញ្ចប់

καλάθι

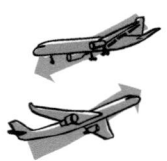

ហោះឡើង / ចុះ

απογειώνομαι /
προσγειόνομαι

ទីក្រុង

πόλη

ភូមិ

χωριό

កណ្ដាលទីក្រុង

κέντρο της πόλης

ផ្ទះ

σπίτι

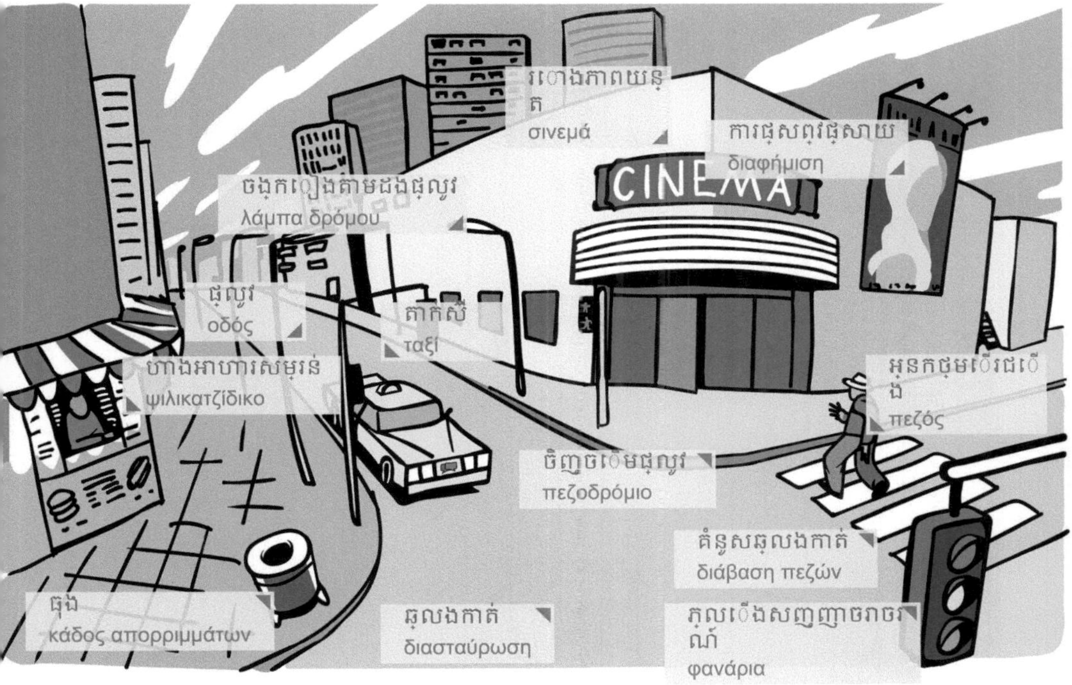

រោងភាពយន្ត
σινεμά
ការផ្សព្វផ្សាយ
διαφήμιση
CINEMA
ចង្កៀងតាមដងផ្លូវ
λάμπα δρόμου
ផ្លូវ
οδός
តាក់ស៊ី
ταξί
ហាងអាហារសម្រន់
ψιλικατζίδικο
អ្នកថ្មើរជើង
πεζός
ចិញ្ចើមផ្លូវ
πεζοδρόμιο
គំនូសឆ្លងកាត់
διάβαση πεζών
ធុង
κάδος απορριμμάτων
ឆ្លងកាត់
διασταύρωση
ភ្លើងសញ្ញាចរាចរណ៍
φανάρια

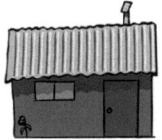

ខ្ទម

καλύβα

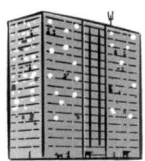

ផ្ទះល្វែង

διαμέρισμα

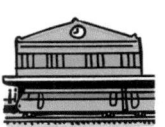

ស្ថានីយរថភ្លើង

σιδηροδρομικός σταθμός

សាលាក្រុង

δημαρχείο

MUSEUM

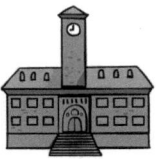

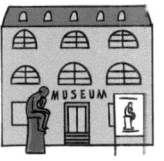

សារមន្ទីរ

μουσείο

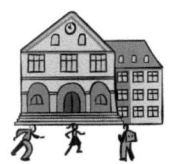

សាលារៀន

σχολείο

សាកលវិទ្យាល័យ

πανεπιστήμιο

ធនាគារ

τράπεζα

មន្ទីរពេទ្យ

νοσοκομείο

សណ្ឋាគារ

ξενοδοχείο

ឱសថស្ថាន

φαρμακείο

ការិយាល័យ

γραφείο

ហាងលក់សៀវភៅ

βιβλιοπωλείο

ហាង

κατάστημα

ហាងផ្កា

ανθοπωλείο

ផ្សារទំនើប

σούπερ μάρκετ

ទីផ្សារ

αγορά

ហាងទំនិញ

πολυκατάστημα

ហាងលក់ត្រី

ιχθυοπωλείο

មជ្ឈមណ្ឌលផ្សារទំនើប

εμπορικό κέντρο

កំពង់ផែ

λιμάνι

ឧទ្យាន

πάρκο

បង្គំ

παγκάκι

ស្ពាន

γέφυρα

ជណ្តើរ

σκάλες

ផ្លូវក្រោមដី

μετρό

ផ្លូវរូងក្រោមដី

τούνελ

ចំណតរថយន្តក្រុង

στάση λεωφορείου

បារ

μπαρ

ភោជនីយដ្ឋាន

εστιατόριο

ប្រអប់សំបុត្រ

γραμματοκιβώτιο

សញ្ញាតាមដងផ្លូវ

πινακίδα δρόμου

ឧបករណ៍បូមូលចូលថៃណត

παρκόμετρο

សួនសត្វ

ζωολογικός κήπος

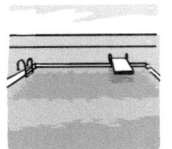

អាងហែលទឹក

πισίνα

វិហារអ៊ីស្លាម

τζαμί

កសិដ្ឋាន

αγρόκτημα

ការបំពុល

ρύπανση

វាលកប់ខ្មោច

νεκροταφείο

ព្រះវិហារ

εκκλησία

គ្រឿងអេលកុមេងលេង

παιδική χαρά

បុរេសាទ

ναός

ទេសភាព

τοπίο

សុលឹក
φύλλο

សញ្ញាបញ្ជាក់ទិសដៅទៅ
πινακίδα κατεύθυνσης

ផ្លូវ
δρόμος

វាលស្មៅ
ទៅ
λιβάδι

ដុំថ្ម
πέτρα

អ្នកឡេងភ្នំ
πεζοπόρος

ដើមឈើ
ទៅ
δέντρο

ទន្លេ
ποτάμι

ស្មៅទៅ
χορτάρι

ផ្កា
λουλούδι

ជ្រលងភ្នំ

κοιλάδα

កូនភ្នំ

λόφος

បឹង

λίμνη

ព្រៃឈើ

δάσος

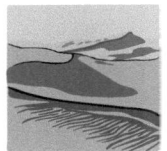

វាលខ្សាច់

έρημος

ភ្នំភ្លើង

ηφαίστειο

គគោកុប្រ

κάστρο

ឥន្ទធនូ

ουράνιο τόξο

ផ្សិត

μανιτάρι

ដើមត្នោត

φοίνικας

មូស

κουνούπι

រុយ

μύγα

ស្រមោច

μυρμήγκι

សត្វឃ្មុំ

μέλισσα

ពីងពាង

αράχνη

សត្វកញ្ចៃ

σκαθάρι

កង្កែប

βάτραχος

កំប្រុក

σκίουρος

សត្វកាំប្រមា

σκαντζόχοιρος

ទន្សាយស៊ុលឹក

λαγός

សត្វទីទុយ

κουκουβάγια

បក្សី

πουλί

ហង្ស

κύκνος

ជ្រូក

αγριογούρουνο

សត្វកុតាន់

ελάφι

សត្វកុដាន់

άλκη

ទំនប់

φράγμα

កង្ហារខ្យល់

ανεμογεννήτρια

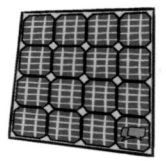

បនទ:ស្វឡ្យា

ηλιακός συλλέκτης

អាកាសធាតុ

κλίμα

ភោជនីយដ្ឋាន

εστιατόριο

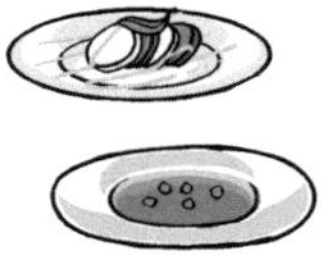

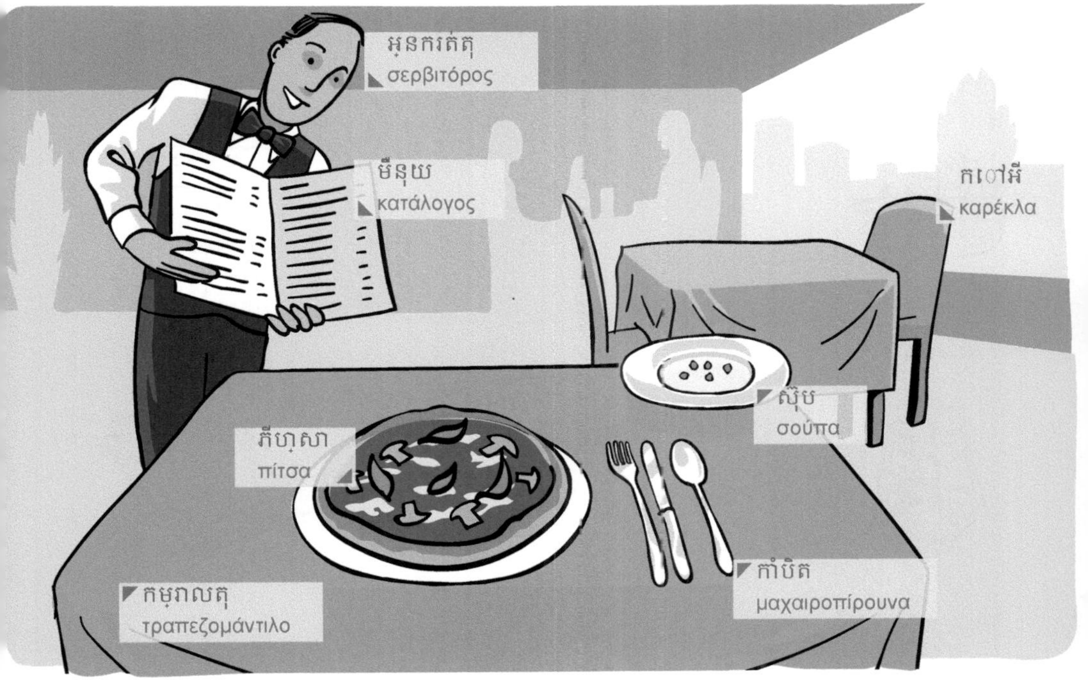
អ្នករត់តុ
σερβιτόρος
ម៉ឺនុយ
κατάλογος
កៅអី
καρέκλα
ស៊ុប
σούπα
ភីហ្សា
πίτσα
កាំបិត
μαχαιροπίρουνα
កម្រាលតុ
τραπεζομάντιλο

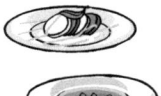

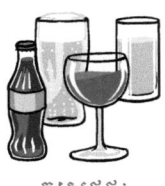

អាហារសម្រន់

ορεκτικό

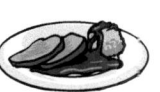

អាហារសំខាន់

κύριο πιάτο

បង្អែម

επιδόρπιο

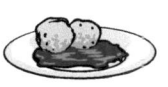

ភេសជ្ជៈ

ποτά

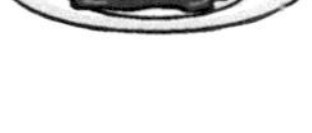

អាហារ

φαγητό

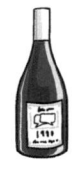

ដប

μπουκάλι

អាហារររហ័ស

φαστ φουντ

អាហារតាមផ្លូវ

φαγητό στ' όρθιο

ប៉ាន់តែ

τσαγιέρα

ប្រអប់ស្ករ

δοχείο ζάχαρης

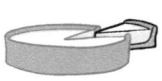

ចំណិត

μερίδα

ម៉ាស៊ីនតុងកាហ្វេអិតស្ព្រេ
ស្ស

μηχανή εσπρέσο

កៅអីខ្ពស់

ψηλή καρέκλα

វិក្កយបត្រ

λογαριασμός

ថាស

δίσκος

កាំបិត

μαχαίρι

សម

πιρούνι

ស្លាបព្រា

κουτάλι

ស្លាបព្រាកាហ្វេ

κουταλάκι του τσαγιού

កន្សែងជូតខ្លួន

πετσέτα φαγητού

កែវ

ποτήρι

ចានទាប

πιάτο

ចានស៊ុប

πιάτο σούπας

ចានទូរនាប់

πιατάκι φλιτζανιού

ទឹកជ្រលក់

σάλτσα

ដបអំបិល

αλατιέρα

ប្រដាប់កិនម្រេច

μύλος για πιπέρι

ទឹកខ្មេះ

ξύδι

ប្រេង

λάδι

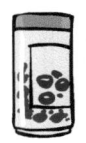

គ្រឿងទេស

μπαχαρικά

ទឹកប៉េងប៉ោះ

κέτσαπ

ម៉្តាក

μουστάρδα

ទឹកមយ៉ូណេ

μαγιονέζα

ផ្សារទំនើប

σούπερ μάρκετ

ការផ្តល់ជូនពិសេស
προσφορά
FOR
អតិថិជន
πελάτης
ទឹកដោះគោ
γαλακτοκομικά προϊόντα
ផ្លែឈើ
φρούτα
រទេះរុញ
καρότσι για ψώνια

BUTCHERS

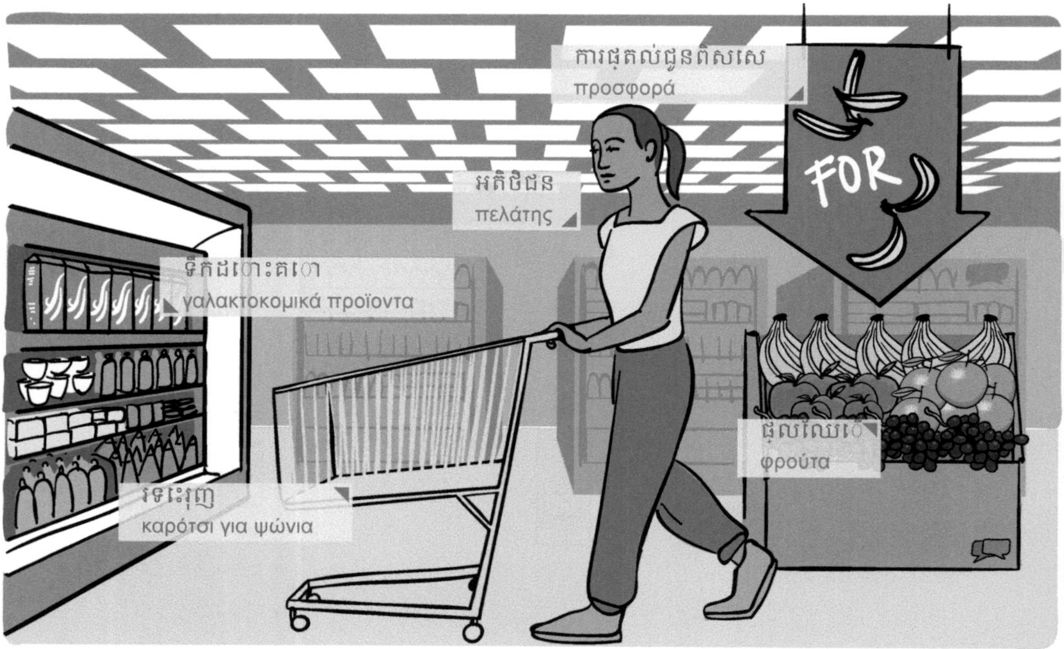

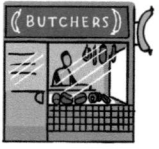

ហាងកាប់ជ្រូក

κρεοπωλείο

BAKERY

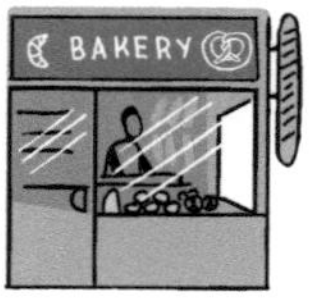

ហាងដុតនំ

φούρνος

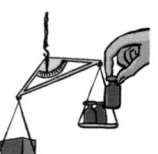

ថ្លឹង

ζυγίζω

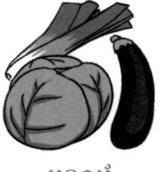

បន្លែ

λαχανικά

សាច់

κρέας

អាហារក្លាស្សេ

κατεψυγμένα τρόφιμα

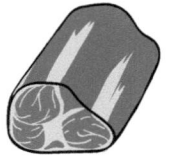

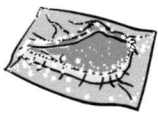

សាច់ក្លាសែ

αλλαντικά

អាហារកំប៉ុង

κονσερβοποιημένη τροφή

មុសเฌ่លាង

απορρυπαντικό ρούχων

សុអរគ្រាប់

γλυκά

ផលិតផលកនុងគ្រួសារ

οικιακά είδη

ផលិតផលសម្អាត

καθαριστικά προϊόντα

អ្នកលក់

πωλήτρια

ថតដាក់លុយ

ταμείο

បេឡា

ταμίας

បញ្ជីទិញទំនិញ

λίστα για ψώνια

ម៉ោងធ្វើការ

ωράριο λειτουργίας

កាប៉ូបលុយបុរស

πορτοφόλι

កាតឥណទាន

πιστωτική κάρτα

ថង់

τσάντα

ថង់ប្លាស្ទិច

πλαστική σακούλα

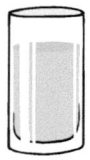

ទឹក

νερό

ទឹកផ្លែឈើ

χυμός

ទឹកដោះគោ

γάλα

កូកាកូឡា

κόκα κόλα

ស្រា

κρασί

ស្រាបៀរ

μπίρα

គ្រឿងស្រវឹង

αλκοόλ

កាកាវ

κακάο

តែ

τσάι

កាហ្វេ

καφές

កាហ្វេអេិចស្ពុរេស្ស

εσπρέσο

កាហ្វេកាពូឈីណូ

καπουτσίνο

ចេក

μπανάνα

ផ្លែប៉ោម

μήλο

ផ្លែក្រូច

πορτοκάλι

ឪឡឹក

πεπόνι

ក្រូចឆ្មា

λεμόνι

ការ៉ុត

καρότο

ខ្ទឹម

σκόρδο

ឫស្សី

μπαμπού

ខ្ទឹមបារាំង

κρεμμύδι

ផ្សិត

μανιτάρι

គ្រាប់ផ្លែឈើ

ξηροί καρποί

មី

νούντλς

 មីអ៊ីតាលី

μακαρόνια

ហាយ

ρύζι

សាឡាត់

σαλάτα

ដំឡូងចៀន

πατατάκια

ដំឡូងចៀន

τηγανητές πατάτες

ភីហ្សា

πίτσα

បឺហ្គឺ

χάμπουργκερ

សាំងវិច

σάντουιτς

សាច់ជាប់ឆ្អឹងជំនី

κοτολέτα

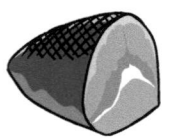

ហាំ

ζαμπόν

សាឡាមី

σαλάμι

សាច់ក្រក

λουκάνικο

សាច់មាន់

κοτόπουλο

អាំង

ψητό

ត្រី

ψάρι

អាវ៉ែនបបរ

χυλός βρώμης

មុយ៉ូសុលី

μούσλι

ដំឡូងចំណិត

κορν φλέικς

មុសៅ

αλεύρι

នំគួរសង់

κρουασάν

នំប៉័ងមុយ៉ាងមូលតូចៗ

ψωμάκι

នំប៉័ង

ψωμί

អាំង

τοστ

នំប៊ីសុគី

μπισκότα

ប៊ី

βούτυρο

ទឹកដោះខាប់

τυρόπηγμα

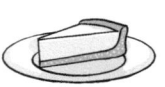

នំខេក

κέικ

ស៊ុត

αυγό

ស៊ុតចៀន

τηγανητό αυγό

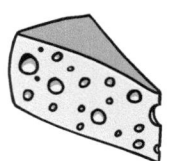

ឈីស

τυρί

កាំរ៉េម

παγωτό

ស្ករ

ζάχαρη

ទឹកឃ្មុំ

μέλι

ដំណាប់

μαρμελάδα

ក្រែមតាំងម៉ែរ

άλλειμμα σοκολάτας

ការី

κάρυ

កសិដ្ឋាន

αγρόκτημα

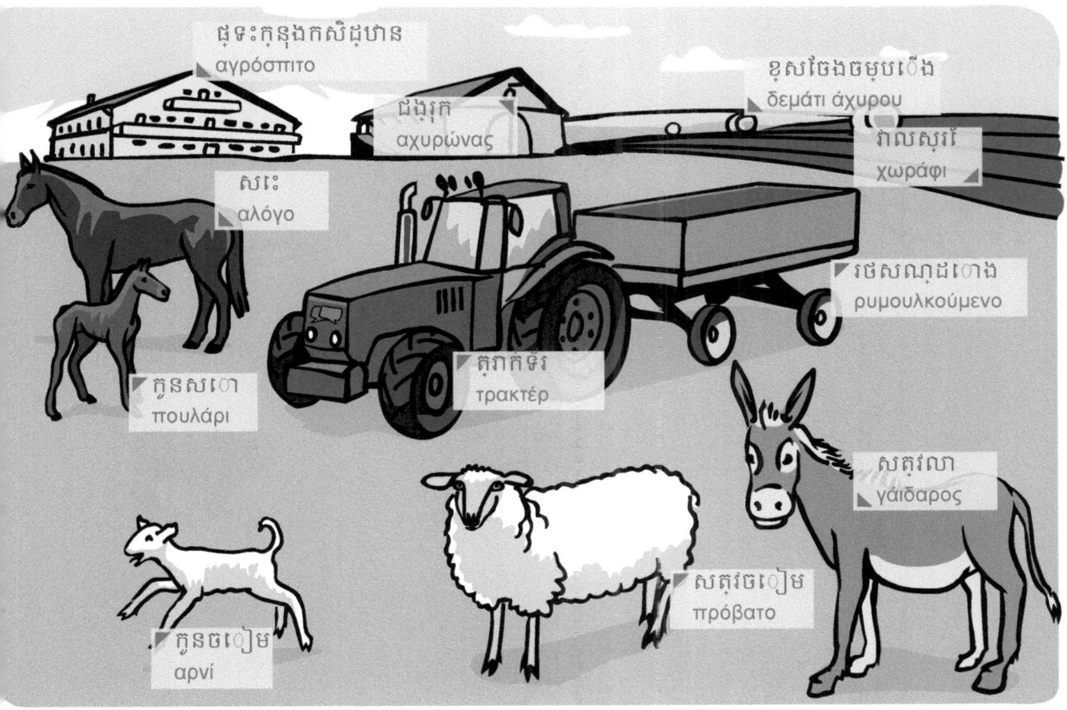
ផ្ទះក្នុងកសិដ្ឋាន
αγρόσπιτο
ជង្រុក
αχυρώνας
ខ្សែចងចម្បើង
δεμάτι άχυρου
វាលស្រែ
χωράφι
សេះ
αλόγο
រថសណ្ដោង
ρυμουλκούμενο
ត្រាក់ទ័រ
τρακτέρ
កូនសេះ
πουλάρι
សត្វលា
γάιδαρος
សត្វចៀម
πρόβατο
កូនចៀម
αρνί

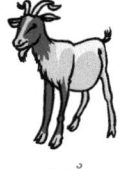

ពពែ

κατσίκα

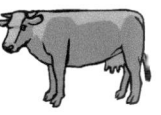

គោញី

αγελάδα

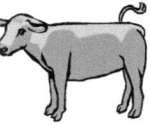

កូនគោ

μοσχαράκι

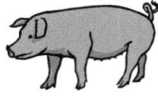

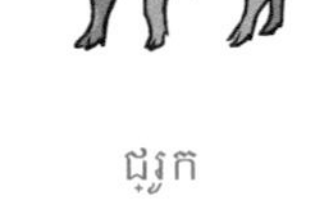

ជ្រូក

γουρούνι

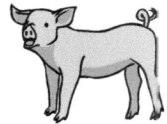

កូនជ្រូក

γουρουνάκι

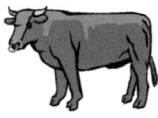

គោឈ្មោល

ταύρος

សត្វក្ងាន

χήνα

ទា

πάπια

កូនមាន់

κοτοπουλάκι

មមាន់

κότα

មាន់ឈ្មោល

κόκορας

កណ្តុរ

αρουραίος

ឆ្មា

γάτα

កណ្តុរប្រមៈ

ποντίκι

គោឈ្មោល

βόδι

ឆ្កែ

σκύλος

ផ្ទះឆ្កែ

σπιτάκι σκύλου

ទុយោទឹក

λάστιχο κήπου

ធុងស្រោចទឹក

ποτιστήρι

ខូរវៃបក

θεριστήρι

នង្គ័ល

αλέτρι

កណ្ដៀវ
δρεπάνι

ចបកាប់
τσάπα

រនាស់
δίκρανο

ពូថៅ
τσεκούρι

រទេះរុញ
χειράμαξα

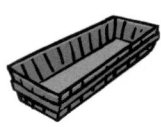

ស្នូក
ταΐστρα

កំប៉ុងទឹកដោះគោ
δοχείο γάλακτος

ហាវ
σάκος

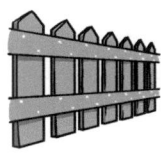

របង
φράχτης

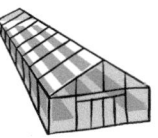

ក្រោល
στάβλος

ផ្ទះកញ្ចក់
θερμοκήπιο

ដី
έδαφος

គុកប់ពូជ
σπόρος

ជី
λίπασμα

ម៉ាស៊ីនបុរមួលផល
θεριζοαλωνιστική μηχανή

ប្របមូលផល

θερίζω

ការប្របមូលផល

συγκομιδή

ដំឡូងជួរ

γιαμς

ស្រូវសាលី

σιτάρι

សណ្ដែកសេវ៉ៀង

σόγια

ដំឡូងជួរ

πατάτα

ពោត

καλαμπόκι

គ្រាប់ប្ររេងរ៉ៃប

κράμβη

ដើមឈើហូបផ្លៃ

οπωροφόρο δέντρο

ដំឡូងមី

μανιόκα

ធញ្ញជាតិ

δημητριακά

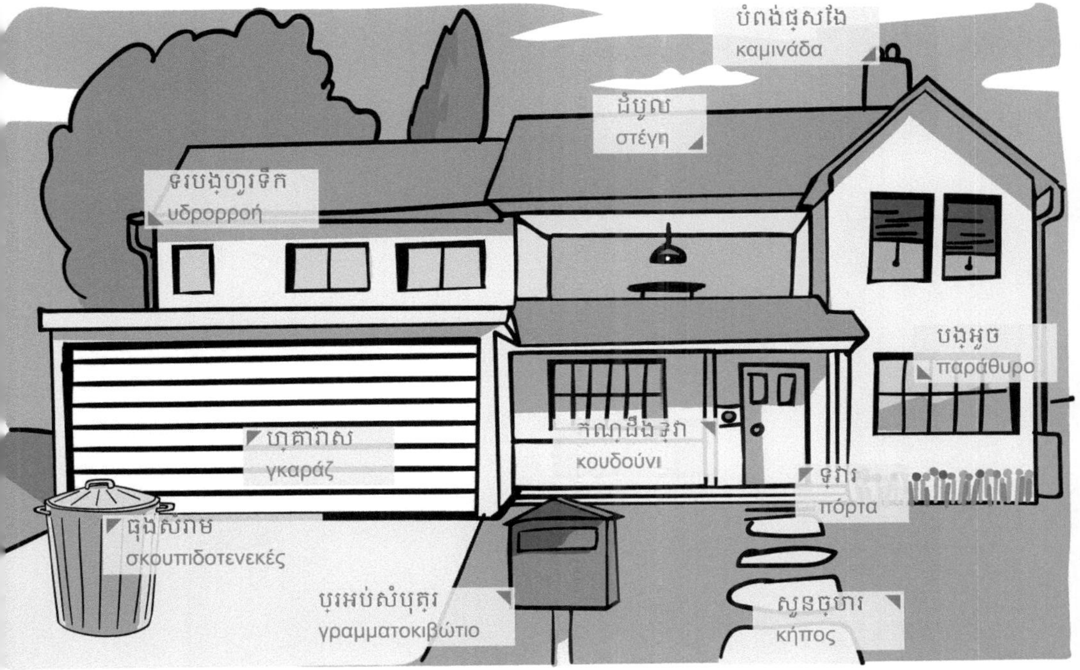

បំពង់ផ្សែង
καμινάδα

ដំបូល
στέγη

ទុបង្អួរទឹក
υδρορροή

បង្អួច
παράθυρο

ហ្គារាស
γκαράζ

កណ្ដឹងទ្វារ
κουδούνι

ទ្វារ
πόρτα

ធុងសំរាម
σκουπιδοτενεκές

បុរអប់សំបុត្រ
γραμματοκιβώτιο

សួនច្បារ
κήπος

បន្ទប់ទទួលកញ្ញៀរ
σαλόνι

បន្ទប់ទឹក
μπάνιο

ផ្ទះបាយ
κουζίνα

បន្ទប់គេង
υπνοδωμάτιο

បន្ទប់របស់កុមារ
παιδικό δωμάτιο

បន្ទប់ទទួលទានអាហារ
τραπεζαρία

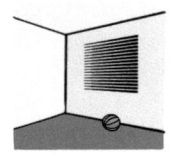

ជាន់

πάτωμα

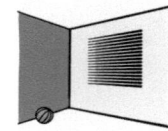

ជញ្ជាំង

τοίχος

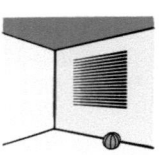

ពិដាន

οροφή

បន្ទប់ក្រោមដី

κελάρι

សូណា

σάουνα

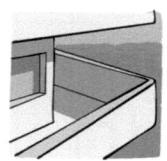

យ៉ៈ

μπαλκόνι

ផ្ទៃវៃបស្មៅឈៀនទៅជមុរល
ក្រាំ
βεράντα

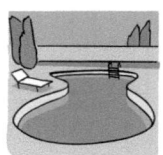

អាងហាលែទឹក

πισίνα

ម៉ាស៊ីនកាត់ស្មៅទៅ

μηχανή του γκαζόν

សន្លឹក

σεντόνι

កម្រលគ្របៃដគេ

κάλυμμα κρεβατιού

គ្រៃ

κρεβάτι

អំបោស

σκούπα

ធុង

κουβάς

កុងតាក់

διακόπτης

បន្ទប់ទទួលភ្ញៀវ

σαλόνι

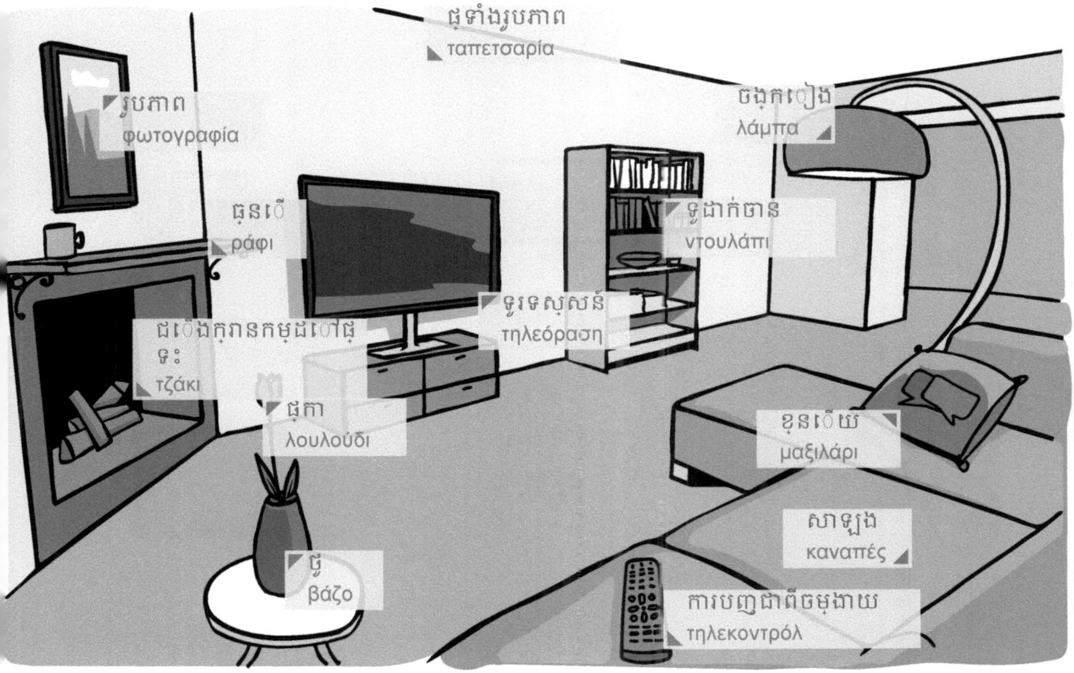

ផ្ទាំងរូបភាព
ταπετσαρία
រូបភាព
φωτογραφία
ចង្កៀង
λάμπα
ធ្នើ
ράφι
ទូដាក់ចាន
ντουλάπι
ទូរទស្សន៍
τηλεόραση
ជើងក្រានកម្ដៅផ្ទះ
τζάκι
ផ្កា
λουλούδι
ខ្នើយ
μαξιλάρι
សាឡុង
καναπές
ថូ
βάζο
ការបញ្ជាពីចម្ងាយ
τηλεκοντρόλ

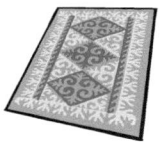

កម្រាលព្រំ

χαλί

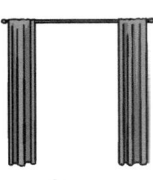

វាំងនន

κουρτίνα

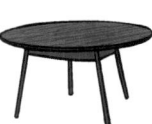

តុ

τραπέζι

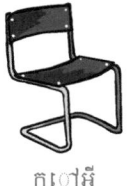

កៅអី

καρέκλα

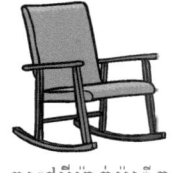

កៅអីប៉ាក់ប៉ើក

κουνιστή πολυθρόνα

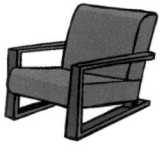

កៅអីភ្នាក់ដៃ

πολυθρόνα

សៀវភៅ
βιβλίο

ភួយ
κουβέρτα

ការតុបតែង
διακόσμηση

អុសដុត
καυσόξυλα

ខុសវីភាពយន្ត
ταινία

ឧបករណ៍ Hi-Fi
στερεοφωνικό σύστημα

កូនសោ
κλειδί

កាសែត
εφημερίδα

តំនូរ
πίνακας ζωγραφικής

ផ្ទាំងរូបភាព
αφίσα

វិទ្យុ
ραδιόφωνο

ណុតផតេ
σημειωματάριο

ម៉ាស៊ីនបូមធូលី
ηλεκτρική σκούπα

ដំបងយក្ស
κάκτος

ទៀន
κερί

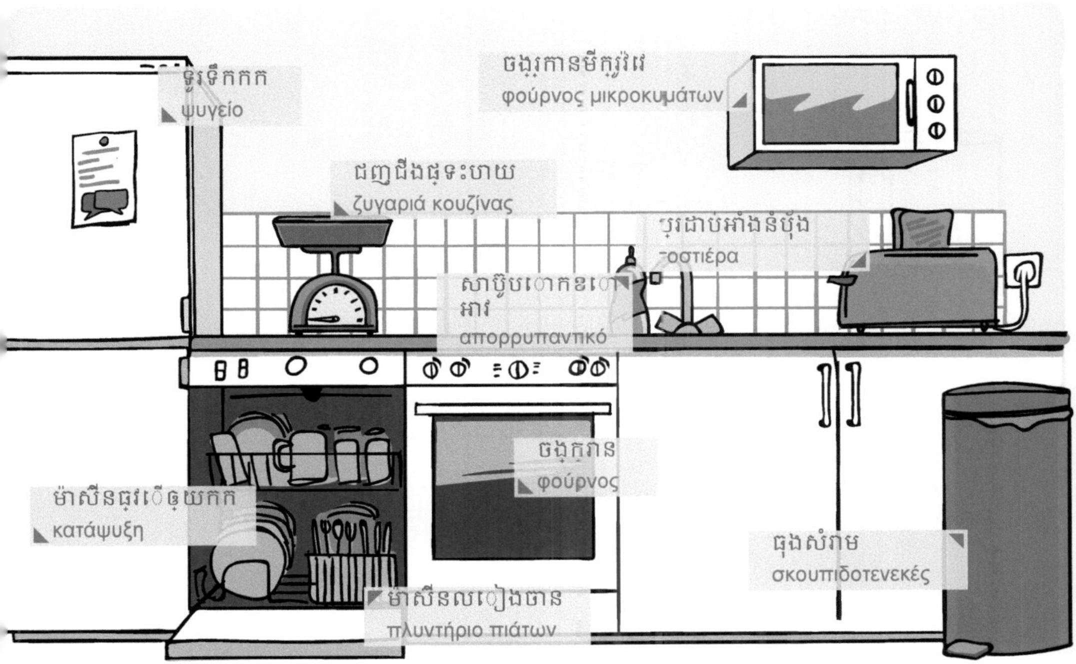

ទូទឹកកក
ψυγείο

ចង្ក្រានមីក្រូវ៉េវ
φούρνος μικροκυμάτων

ជញ្ជីងផ្ទះបាយ
ζυγαριά κουζίνας

ម៉ាស៊ីនធ្វើទឹកកក
κατάψυξη

សាប៊ូលាងចាន
απορρυπαντικό

ម៉ាស៊ីនដុតនំបុ័ង
φρυγανιέρα

ចង្ក្រាន
φούρνος

ធុងសំរាម
σκουπιδοτενεκές

ម៉ាស៊ីនលាងចាន
πλυντήριο πιάτων

ចង្ក្រាន
κουζίνα

ឆ្នាំង
κατσαρόλα

ឆ្នាំងដែក
μαντεμένια κατσαρόλα

ខ្ទះ / ខ្ទះកណ្ដា
γουόκ/καντάι

ខ្ទះ
τηγάνι

កំសៀរ
βραστήρας

ឆ្នាំងចំហុយ

ατμομάγειρας

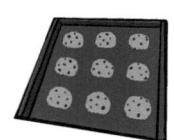

ថាសដុតនំ

ταψί

គ្រឿងចានឆ្នាំងដី

πιατικά

ថ្ម

κούπα

ចានគោម

μπολ

ចង្កឹះ

ξυλάκια

វែកសមុល

κουτάλα

វែកគូរ

σπάτουλα

ឧបករណ៍វាយកូរឡ្បូក

ανακατεύω

តម្រង

σουρωτήρι

កន្ត្រង

σουρωτηράκι

ឧបករណ៍កោសដុង

τρίφτης

គ្រហាល់

γουδί

ការអាំងសាច់

ψησταριά

ចង្ក្រានចំហ

ανοιχτή φωτιά

ដុរញ់

σανίδα κοπής

បុរដាប់កិនម្សៅ

πλάστης

បុរដាប់ម្សៅបើកឆ្នុកឆ្នុកសុរា

ανοιχτήρι φελλών

កំប៉ុង

κονσέρβα

បុរដាប់បើកកំប៉ុង

ανοιχτήρι κονσέρβας

ក្រណាត់ទ្រាប់ឆ្នាំង

γάντι φούρνου

កន្លែងលាងចាន

νεροχύτης

ជក់

βούρτσα

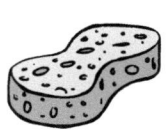

អប៉ុង

σφουγγάρι

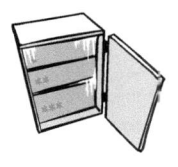

ម៉ាស៊ីនកួរឡ្បែក

μπλέντερ

ទូរទឹកកកខ្ពស់នាតក្ខួច

καταψύκτης

ដបទឹកដោះគោ

μπιμπερό

រ៉ូប៊ីណេ

βρύση

កម្ដៅទៅ
θέρμανση

ផុកាឈ្នួក
ντους

កន្សែង
πετσέτα

រាំងននង្គតទឹកផុកាឈ្នួក
κουρτίνα ντουζ

ការងួតទឹកពពុះ
αφρόλουτρο

អាងងួតទឹក
μπανιέρα

ម៉ាសីនបោកគក់
πλυντήριο ρούχων

កូទឡាក្បរេៀង
πλακάκια

កវៃ
ποτήρι

រ៉ូបីណោ
βρύση

ចានបង្គន់
γιογιό

កន្លែលលាងចាន
νεροχύτης

បង្គន់

τουαλέτα

បង្គន់អង្គុយ

τούρκικη τουαλέτα

ផរេៀងជម្រះកាយ

μπιντές

កុលាទឹកនរោម

ουρητήριο

ក្រដាសបង្គន់

χαρτί υγείας

ច្រាសដុសបង្គន់ន

πιγκάλ

ច្រាសដុសធ្មេញ

οδοντόβουρτσα

ថ្នាំដុសធ្មេញ

οδοντόκρεμα

ខ្សែទាក់សម្អាតធ្មេញ

οδοντικό νήμα

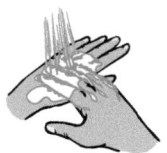

លាង

πλένω

ប្រដាប់ដាក់ដៃផ្កាឈូក

τηλέφωνο ντους

ទឹកផ្នាំសម្រាប់ហាញ់លាង

ντουσιέρα

អាង

λεκάνη

ច្រាសដុសខ្នង

βούρτσα πλάτης

សាប៊ូ

σαπούνι

ជលៃសម្រាប់ងូតទឹកផ្កាឈូក

αφρόλουτρο

សាប៊ូ

σαμπουάν

សកុលាត

φανέλα

បំពង់បង្ហូរទឹក

σιφόνι

ក្រមៃ

κρέμα

ថ្នាំបំបាត់កុលិនអាក្រក់

αποσμητικό

កញ្ចក់

καθρέφτης

កញ្ចក់ដៃ

καθρέφτης χειρός

ប្រដាប់កោរ

ξυραφάκι

ហ្វូមកោរពុកមាត់

αφρός ξυρίσματος

ទឹកលាងក្រោយកោរពុកមាត់

αφτερσέιβ

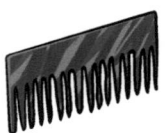

ក្រាស

χτένα

ជក់

βούρτσα

ប្រដាប់សម្ងួតសក់

σεσουάρ

សួរយសហាញ់សក់

λακ

ការតុបតែងមុខ

μακιγιάζ

ក្រមៃលាបមាត់

κραγιόν

ថ្នាំលាបក្រចក

βερνίκι νυχιών

របោមកប្បាស

βαμβάκι

កន្ត្រៃកាត់ក្រចក

ψαλίδι νυχιών

ទឹកអប់

άρωμα

កាបូបបរ\u200b{ោ\u200bកតត់

νεσεσέρ

លាមក

σκαμπό

ជញ្ជីងថ្លឹងទម្ងន់

ζυγαριά

អាវពាក់ងូតទឹក

μπουρνούζι

ស្រោមដៃកៅស៊ូ

ελαστικά γάντια

ឆ្នុក

ταμπόν

កន្សែងអនាម័យ

πετσέτα υγιεινής

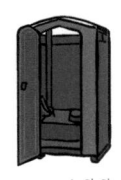

បង្គន់គីមី

χημική τουαλέτα

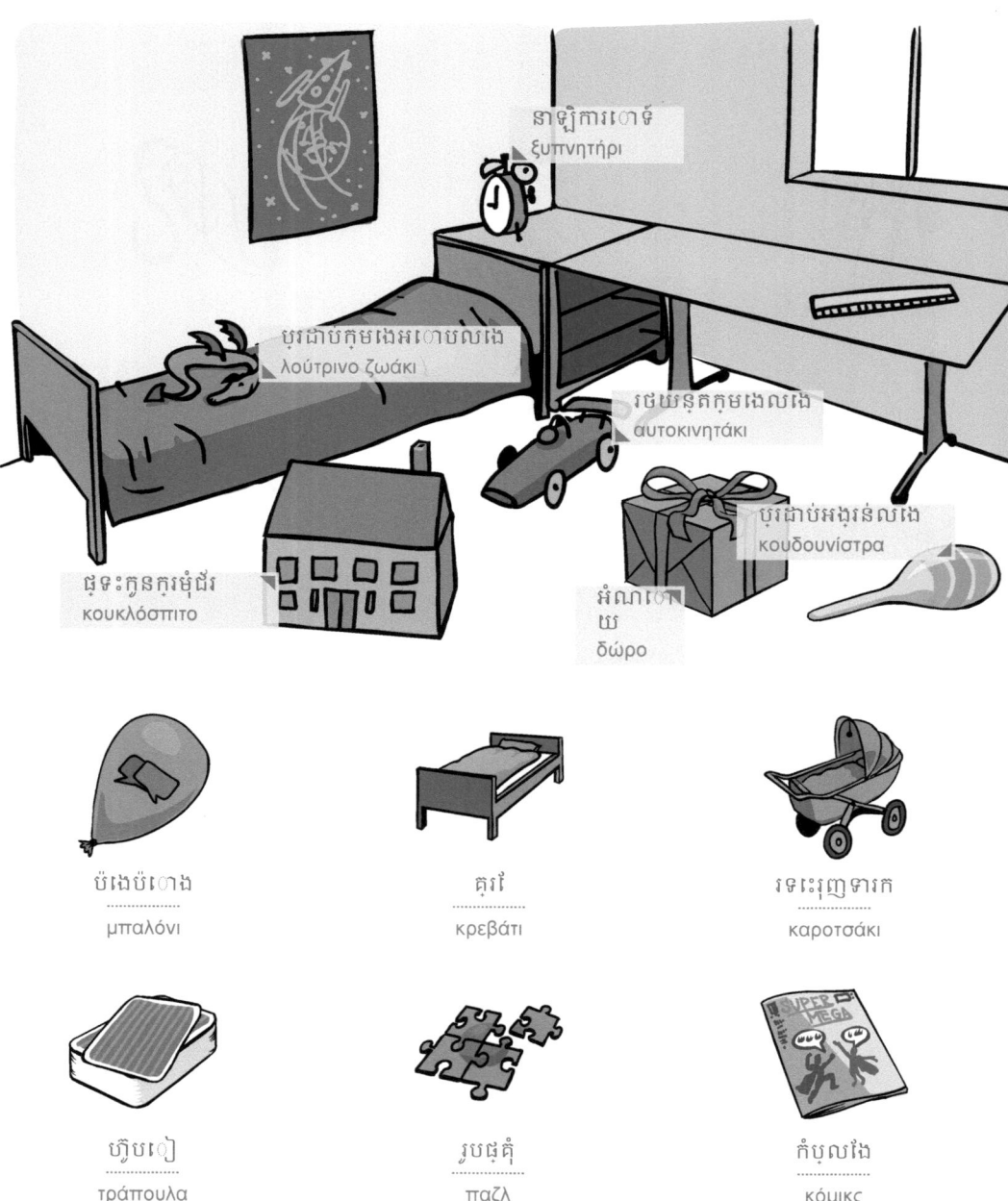

នាឡិការោទ៍
ξυπνητήρι

បូដាប់កុមងអោបលលង
λούτρινο ζωάκι

រថយន្តកុមងលង
αυτοκινητάκι

ផ្ទះកូនក្មុងជ័រ
κουκλόσπιτο

បូដាប់អង្រន់លង
κουδουνίστρα

អំណោយ
δώρο

ប៉ែងប៉ោង
μπαλόνι

គ្រែ
κρεβάτι

រទេះរុញទារក
καροτσάκι

ហ្គបេ
τράπουλα

រូបផ្គុំ
παζλ

កំបុលែ
κόμικς

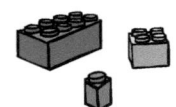

ឥដ្ឋប Lego

τουβλάκια lego

ប្លុកប្រដាប់កុមរងែលង

τουβλάκια κατασκευών

តួលខេសកម្មភាព

φιγούρα δράσης

ខេ្មអរទារក

βρεφικό φορμάκι

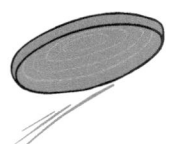

ការគប់ចាស

φρίσμπι

ម៉ូស៊ីពូទដៃ

μόμπιλο

កុតារល្បបងែ

επιτραπέζιο παιχνίδι

គុរប់ឡ្មកឡ្មាក់

ζάρια

ឈុតរថភ្លៃលវឹងគំរូ

σετ τρενάκι

រូបសំណាក

πιπίλα

គណបកុស

πάρτι

សរៀវភៅរូបភាព

εικονογραφημένο βιβλίο

ហាល់

μπάλα

កូនកូរម៉ុំតុកុកតា

κούκλα

លងែ

παίζω

ណ្ដូងទៅខ្សាច់

σκάμμα με άμμο

ទោង

κούνια

ប្រដាប់កុមងេលងេ

παιχνίδια

កុងស្សូលវីដអ្វេហ្គួតមេ

κονσόλα βιντεοπαιχνιδιών

គ្រីចក្ររយានយន្ត

τρίκυκλο

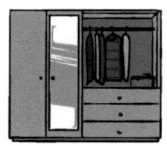

តុក្កតាខ្លាយមុំ

αρκουδάκι

ទូខោអារ

ντουλάπα

ស្ររេទាមជេីង

κάλτσες

ស្ររេទាមជេីងវែង

καλτσοδέτες

ខោទុរនាប់នារី

καλσόν

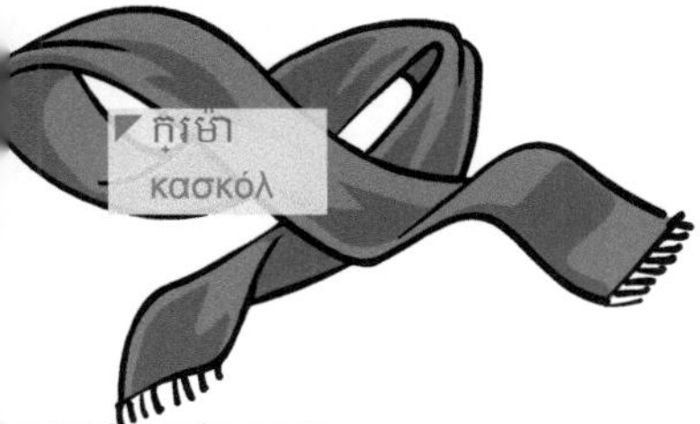
ក្រម៉ា
κασκόλ

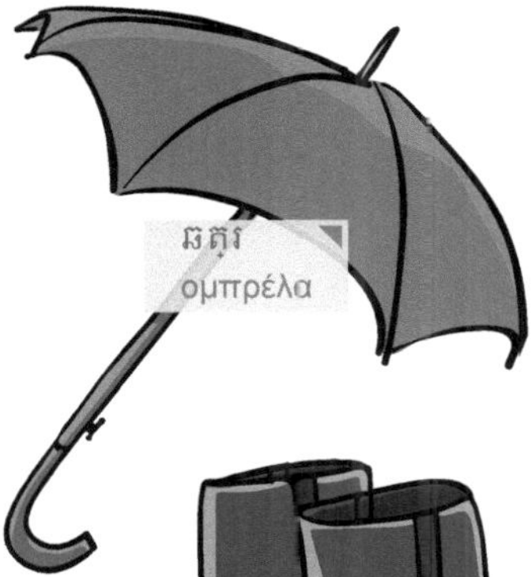
ឆត្រ
ομπρέλα

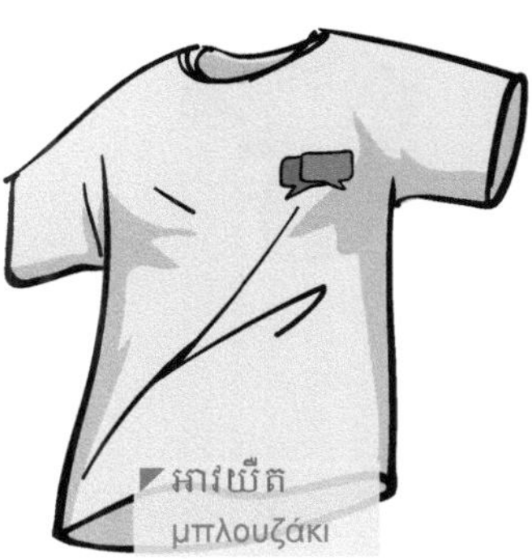
អាវយឺត
μπλουζάκι

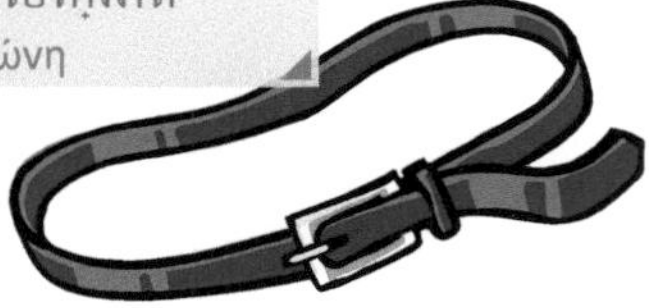
ខ្សែក្រវាត់
ζώνη

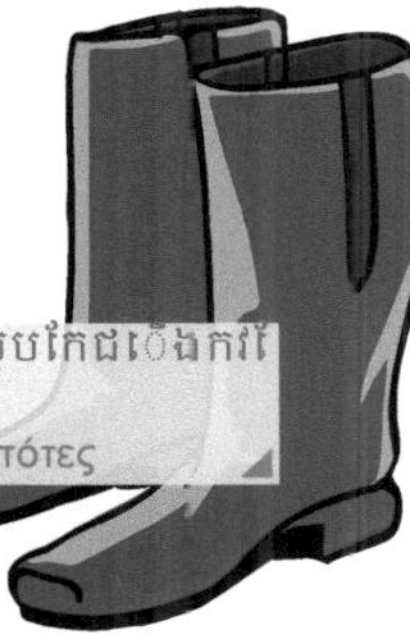
ស្បែកជើងកវែង
μπότες

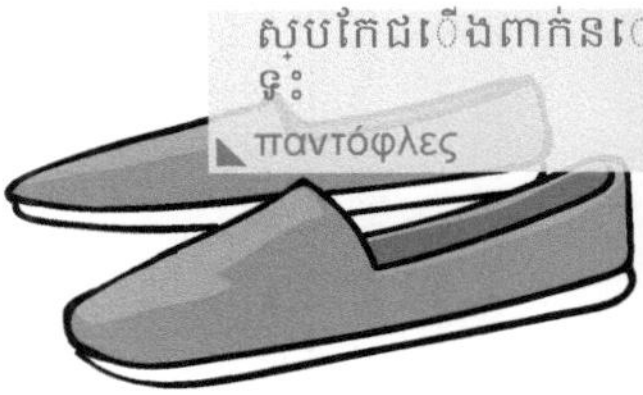
ស្បែកជើងពាក់នៅផ្ទះ
παντόφλες

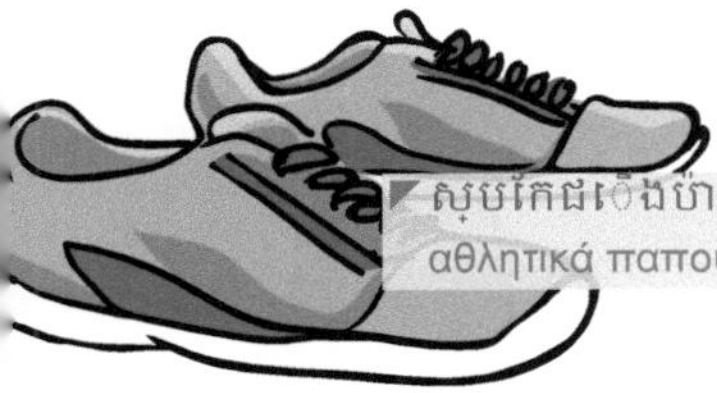
ស្បែកជើងប៉ាតា
αθλητικά παπούτσια

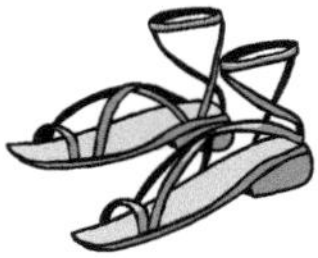

ស្បែកជើងសង្រែក

σανδάλια

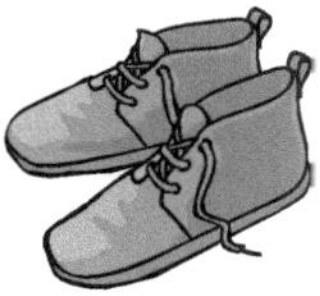

ស្បែកជើង

παπούτσια

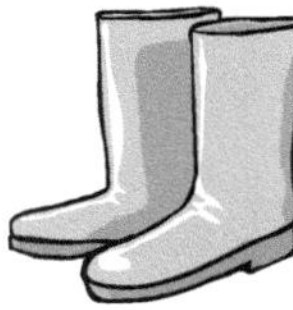

ស្បែកជើងកវែងកៅស៊ូ

γαλότσες

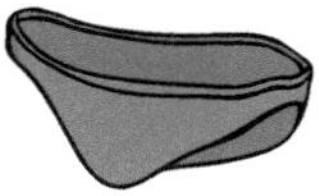

ខោទ្រនាប់បុរស

εσώρουχο

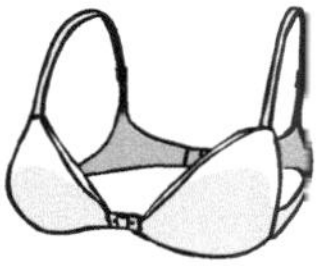

អាវទ្រនាប់

σουτιέν

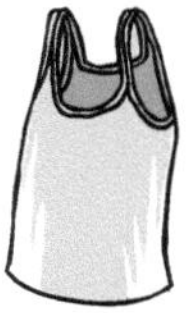

អាវកាក់

φανέλα

រាងកាយ

σώμα

ខោវែង

παντελόνι

ខោខូវប៊យ

τζιν παντελόνι

សំពត់

φούστα

អាវក្រៅ

μπλούζα

អាវ

πουκάμισο

អាវយឺត

πουλόβερ

អាវយឺត

πουλόβερ

អាវធំ

σακάκι

អាវក្រៅ

μπουφάν

អាវធំ

παλτό

អាវក្បឿងវែង

αδιάβροχο πανωφόρι

គុយវឿងតង

κοστούμι

អាវរៃង

φόρεμα

សំលៀកបំពាក់អាពាហ៍ពិពា
ហ៍
νυφικό

សម្លៀកបំពាក់ - ρούχα

ខោអាវឈុត

κοστούμι

រ៉ូបរាត្រី

νυχτικό

ឈុតគេង

πιτζάμες

សារី

σάρι

កន្សែងជ្រតកុហាល

μαντήλι

ផ្នូត

τουρμπάνι

សុបម៉ែខ

μπούρκα

kaftan

καφτάνι

abaya

μουσουλμανικό ένδυμα

ឈុតហាលៃទឹក

ολόσωμο μαγιό

ខោទេខលី

ανδρικό μαγιό

ខោទេខលី

σορτς

ឈុតហាត់កីឡា

αθλητική φόρμα

អាវអេ្រ៉ៀម

ποδιά

ស្រវទោមជដៃ

γάντια

ឡូវរអារ

κουμπί

វ៉ែនតា

γυαλιά

ខ្សែដៃ

βραχιόλι

ខ្សែក

περιδέραιο

ចិញ្ចៀន

δαχτυλίδι

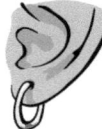

ក្រវិល

σκουλαρίκι

មួក

καπέλο

បរដាប់ព្យួរអាវក្រុរៅ

κρεμάστρα

មួក

καπέλο

ក្រវាត់ក

γραβάτα

រូត

φερμουάρ

មួកសុវត្ថិភាព

κράνος

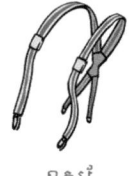

ខ្សែ

τιράντες

ឯកសណ្ឋានសាលា

μαθητική στολή

ឯកសណ្ឋាន

στολή

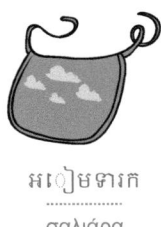

អៀមទារក

σαλιάρα

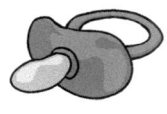

រូបសំណាក

πιπίλα

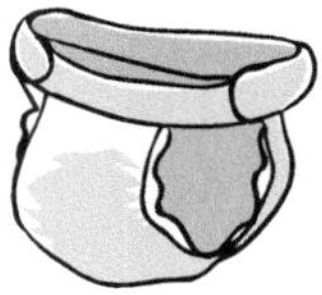

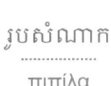

ខោទឹកនោម

πάνα

ការិយាល័យ
γραφείο

ម៉ាស៊ីនមេ
σέρβερ
ទូឯកសារ
αρχειοθήκη
ម៉ាស៊ីនបោះពុម្ព
εκτυπωτής
ក្រដាស
χαρτί
ម៉ូនីទ័រ
οθόνη
តុការិយាល័យ
γραφείο
កណ្តុរ
ποντίκι
សឺមី
ντοσιέ
ក្តារចុច
πληκτρολόγιο
កន្ត្រកដាក់សំរាមក្រដាស
καλάθι αχρήστων
កុំព្យូទ័រ
υπολογιστής
កៅអី
καρέκλα

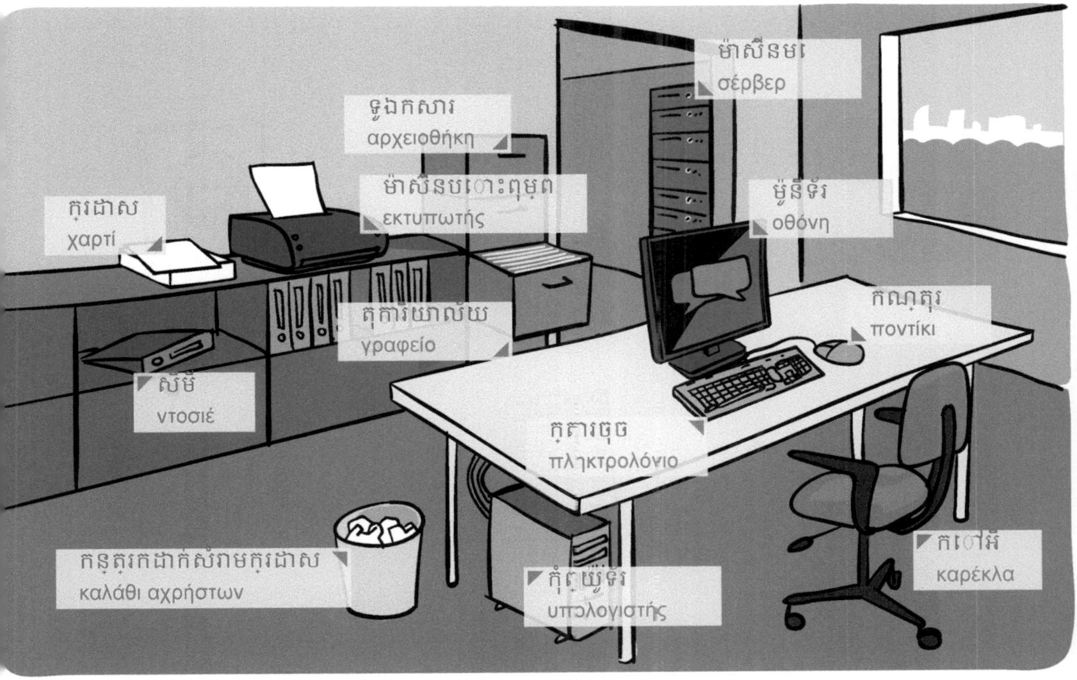

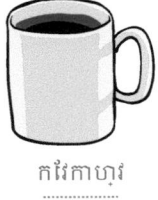

កែវកាហ្វេ

κούπα του καφέ

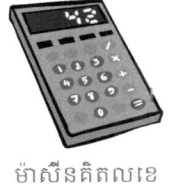

ម៉ាស៊ីនគិតលេខ

κομπιουτεράκι

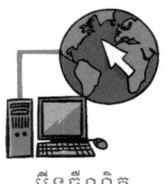

អ៊ីនធឺណិត

ίντερνετ

កុំព្យូទ័រយួរដៃ

λάπτοπ

លិខិត

γράμμα

សារ

μήνυμα

ទូរស័ព្ទដៃ

κινητό

បណ្តាញ

δίκτυο

ម៉ាស៊ីនថតចម្លង

φωτοτυπικό μηχάνημα

សូហ្វវែរ

λογισμικό

ទូរស័ព្ទ

τηλέφωνο

នុធដរោត

πρίζα

ម៉ាស៊ីនទូរសារ

συσκευή φαξ

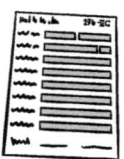

ទម្រង់បែបបទ

έντυπο

ឯកសារ

έγγραφο

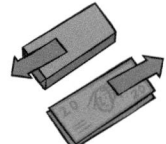

ទិញ

αγοράζω

បង់ប្រាក់

πληρώνω

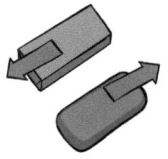

ធ្វើរូបិយនិញ

συναλλάσσομαι

លុយ

χρήματα

ប្រាក់ដុល្លារ

δολάριο

ប្រាក់អឺរ៉ូ

ευρώ

ប្រាក់យ៉េន

γιεν

ប្រាក់រ៉ូបិល

ρούβλι

ហ្វ្រង់ស្វីស

ελβετικό φράγκο

ប្រាក់យ័ន

ρενμίνμπι γιουάν

ប្រាក់រូពី

ρουπία

កន្លែងបូររើសាច់ប្រាក់

ATM (αυτόματη ταμειακή μηχανή)

ការិយាល័យប្តូរប្រាក់

ανταλλακτήρια
συναλλάγματος

មាស

χρυσός

ប្រាក់

ασήμι

ប្រេង

πετρέλαιο

ថាមពល

ενέργεια

តម្លៃ

τιμή

កិច្ចសន្យា

συμβόλαιο

ពន្ធ

φόρος

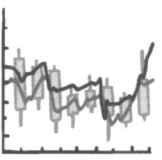

ភាគហ៊ុន

μετοχή

ធ្វើការ

δουλεύω

បុគ្គលិក

υπάλληλος

និយោជក

εργοδότης

រោងចក្រ

εργοστάσιο

ហាង

κατάστημα

មុខរបរ

επαγγέλματα

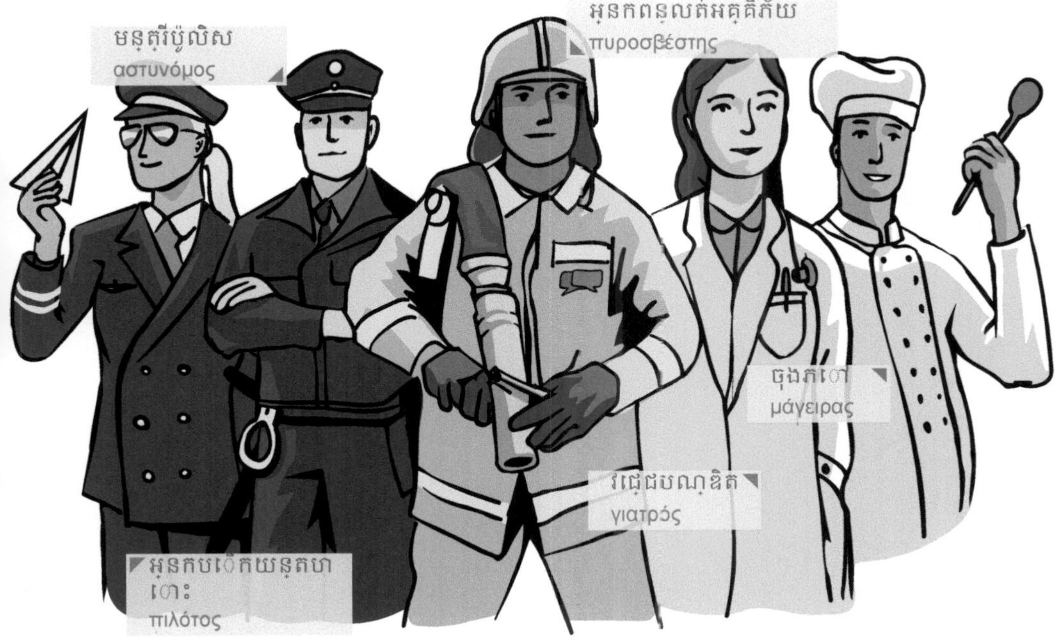
មន្ត្រីប៉ូលិស
αστυνόμος
អ្នកពន្លត់អគ្គិភ័យ
πυροσβέστης
ចុងភៅ
μάγειρας
វេជ្ជបណ្ឌិត
γιατρός
អ្នកបើកយន្តហោះ
πιλότος

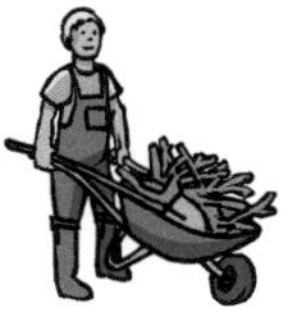

អ្នកថែសួន

κηπουρός

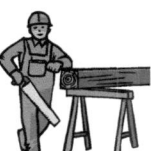

ជាងឈើ

ξυλουργός

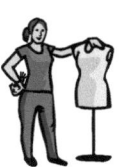

ជាងកាត់ដេរ

μοδίστρα

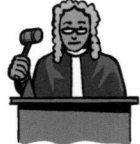

ចៅក្រម

δικαστής

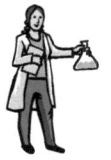

គីមីវិទូ

χημικός

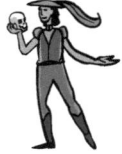

តួកុន

ηθοποιός

អ្នកបើកឡានក្រុង

οδηγός λεωφορείου

អ្នកបើកតាក់ស៊ី

ταξιτζής

អ្នកនេសាទ

ψαράς

សុត្រីអ្នកសម្អាត

καθαρίστρια

ជាងដំបូល

τεχνίτης στεγών

អ្នករត់តុ

σερβιτόρος

អ្នកបរបាញ់សត្វ

κυνηγός

វិចិត្រករ

ζωγράφος

អ្នកដុតនំ

αρτοποιός

ជាងអគ្គីសនី

ηλεκτρολόγος

ជាងសំណង់

οικοδόμος

វិស្វករ

μηχανολόγος

អ្នកកាប់សាច់

κρεοπώλης

ជាងជួសជុលទុយោរទឹក

υδραυλικός

អ្នករត់សំបុត្រ

ταχυδρόμος

ទាហាន

στρατιώτης

ស្ថាបត្យករ

αρχιτέκτονας

បេឡា

ταμίας

អ្នកលក់ផ្កា

ανθοπώλης

អ្នកអ៊ិតសក់

κομμωτής

អ្នកយកលុយ

ελεγκτής εισιτηρίων

ជាងម៉ាស៊ីន

μηχανικός

កាពីទែន

καπετάνιος

ពេទ្យធ្មេញ

οδοντίατρος

អ្នកវិទ្យាសាស្ត្រ

επιστήμονας

គ្រូបង្រៀនច្បាប់សញ្ជាតិ
ជ្ឈីហ្សូវ

ραβίνος

លោកសង្ឃយ៉ាម

ιμάμης

ព្រះសង្ឃ

μοναχός

បព្វជិត

ιερέας

ឧបករណ៍
εργαλεία

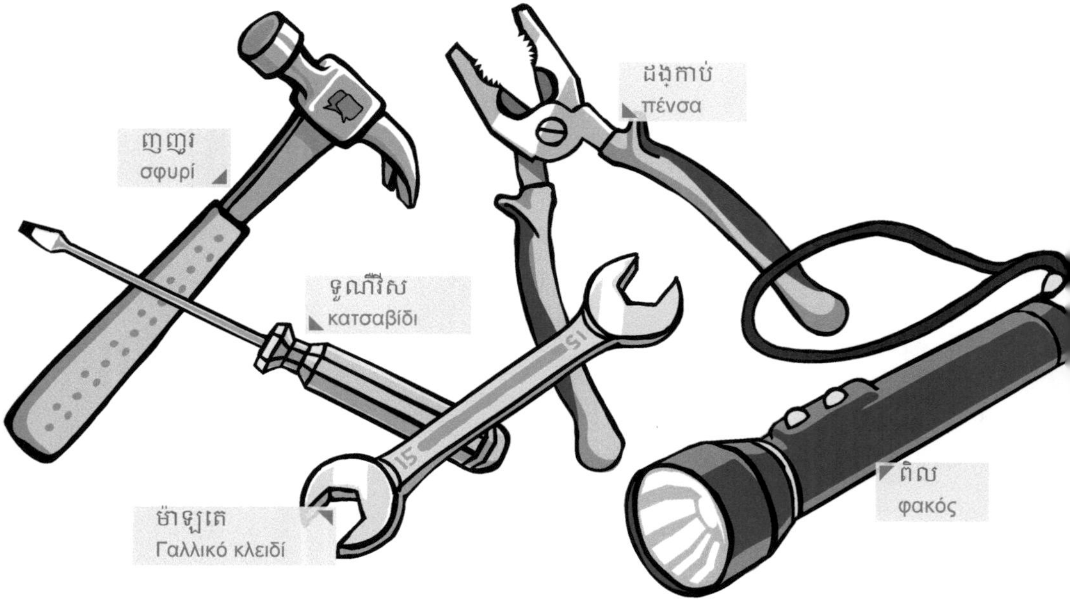

ញញួរ
σφυρί
ដង្កាប់
πένσα
ទួណឺវីស
κατσαβίδι
ម៉ាឡេត
Γαλλικό κλειδί
ពិល
φακός

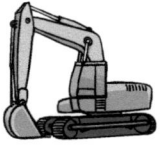

ម៉ាស៊ីនជីក
εκσκαφέας

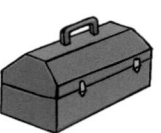

ប្រអប់ឧបករណ៍
εργαλειοθήκη

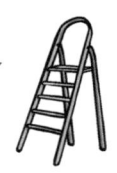

ជណ្តើរ
σκάλα

រណារ
πριόνι

ដែកគោល
καρφιά

ប្រដាប់ស្វាន
τρυπάνι

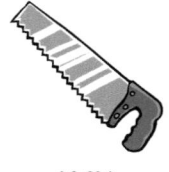

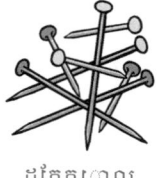

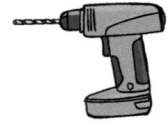

ជួសជុល
επισκευάζω

ប៉ែល
φτυάρι

ចង្រៃ!
Να πάρει!

ប្រដាប់ចូកធូលី
φαράσι

ធុងថ្នាំពណ៌
δοχείο χρωμάτων

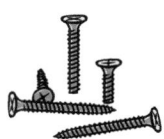

វីស
βίδες

ឧបករណ៍តន្ត្រី
μουσικά όργανα

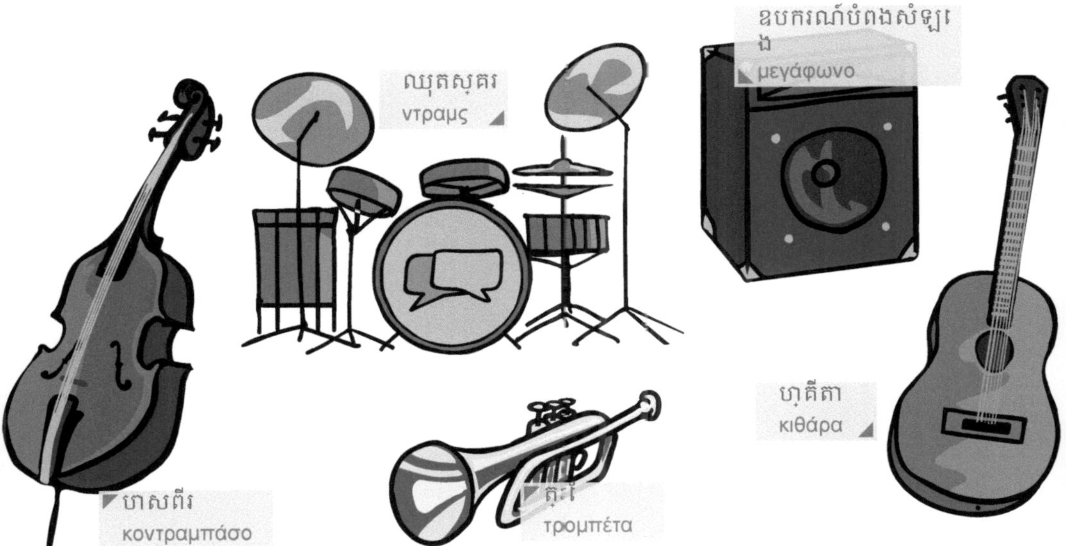

ឈុតស្គរ
ντραμς

ឧបករណ៍បំពងសំឡេង
μεγάφωνο

ហ្គីតា
κιθάρα

ហ្គាស៉ពីរ
κοντραμπάσο

ត្រុំប៉ែ
τρομπέτα

ព្យាណូ

πιάνο

វីយូឡុង

βιολί

ហាស

μπάσο

សូរពោសសុបកែមុយ៉ាង

τύμπανα

សូរ

τύμπανο

យ៉ឺបត

πλήκτρα

សាក់សូហ្វូន

σαξόφωνο

ខ្លុយ

φλάουτο

មីក្រូហ្វូន

μικρόφωνο

ឧបករណ៍តន្ត្រី - μουσικά όργανα

ζωολογικός κήπος

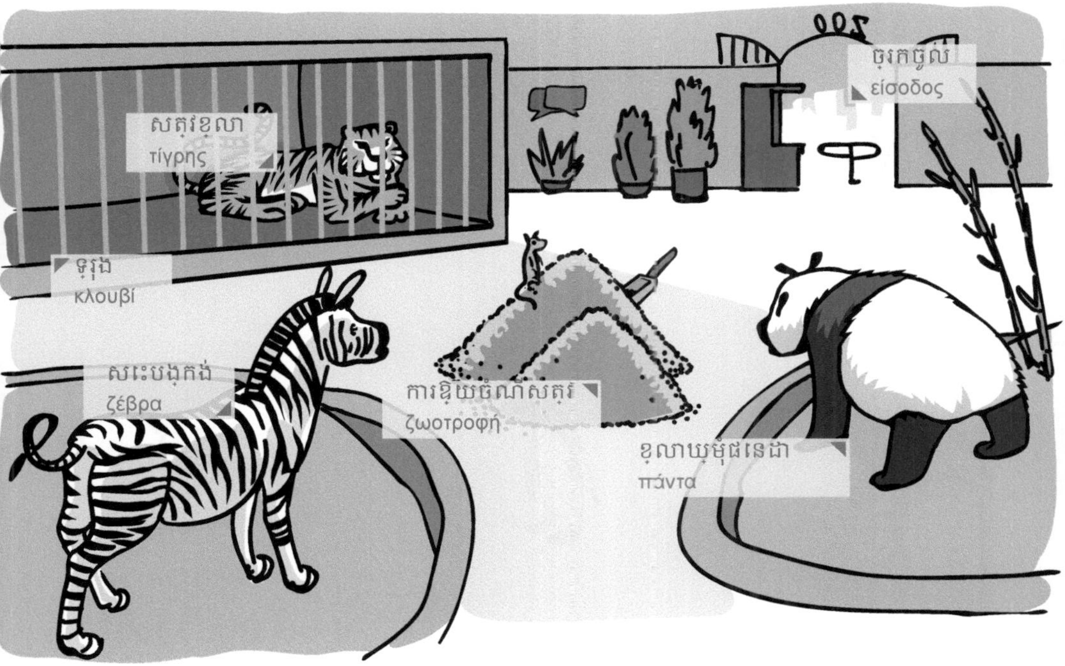
សត្វខ្លា
τίγρης
ច្រកចូល
είσοδος
ទ្រុង
κλουβί
សេះបង្កង់
ζέβρα
ការឱ្យចំណីសត្វ
ζωοτροφή
ខ្លាឃ្មុំផេនដា
πάντα

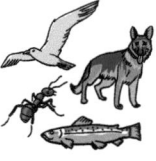

សត្វ

ζώα

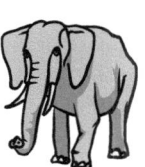

សត្វដំរី

ελέφαντας

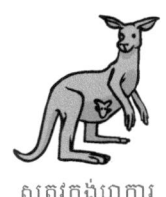

សត្វកង់ហ្គារូ

καγκουρό

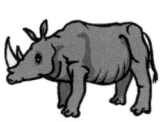

សត្វរមាស

ρινόκερος

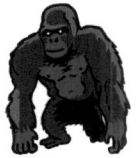

សត្វស្វាហ្គ័រីឡា

γορίλας

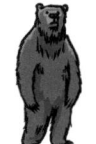

ខ្លាឃ្មុំពណ៌ត្នោត

αρκούδα

សត្វអូដ្ឋ

καμήλα

សត្វអូទ្រុស

στρουθοκάμηλος

សត្វតោ

λιοντάρι

ស្វា

πίθηκος

សត្វករុឿល

φλαμίνγκο

សកែ

παπαγάλος

ខ្លាឃ្មុំតំបន់ប៉ូល

πολική αρκούδα

ផេនឃ្វីន

πιγκουίνος

ត្រីឆ្លាម

καρχαρίας

ក្ងោក

παγώνι

សត្វពស់

φίδι

ក្រពើ

κροκόδειλος

អ្នកករុសាស្ងនសត្វ

φύλακας ζωολογικού κήπου

ឆ្មាទឹក

φώκια

ខ្លារខិនមុយ៉ាង

τζάγκουαρ

សួនសត្វ - ζωολογικός κήπος

ក្តុនសេះ

πόνυ

ខ្លារខិន

λεοπάρδαλη

សត្វដំរីទឹក

ιπποπόταμος

សត្វករវែង

καμηλοπάρδαλη

ឥន្ទ្រី

αετός

ជ្រូក

αγριογούρουνο

ត្រី

ψάρι

អណ្តើកឃ្លោក

χελώνα

លោមមចូបា

θαλάσσιος ίππος

កញ្ជ្រោង

αλεπού

ក្តដាន់

γαζέλα

កីឡា
αθλήματα

កីឡាហ្វុត្សាល់អាមេរិក
Αμερικάνικο ποδόσφαιρο

ការបុះរាំងកង់
ποδηλασία

កីឡាទេនីស
αντισφαίριση

កីឡាហ្វុត្សាល់បះ៖
μπάσκετ

កីឡាហែលទឹក
κολύμβηση

កីឡាប្រដាល់
πυγμαχία

កីឡាវាយកូនហ្វុត្សាល់លើទឹកកក
χόκεϋ επί πάγου

កីឡាហ្វុត្សាល់ទាត់
ποδόσφαιρο

កីឡាវាយសី
μπάντμιντον

អត្តពលកម្ម
στίβος

កីឡាហ្វុត្សាល់កាន់
χάντμπολ

ការជិះស្គី
σκι

ប៉ូឡូ
πόλο

សណ្ដោត
γελάω

លោត
πηδάω

ឱប
αγκαλιάζω

ដើរ
περπατάω

ច្រៀង
τραγουδάω

សុបិន្ត
ονειρεύομαι

អធិស្ឋាន
προσεύχομαι

ថើប
φιλάω

សរសេរ	គូរ	បង្ហាញ
γράφω	σχεδιάζω	δείχνω

រុញ	ថ្វាយ	យក
πιέζω	δίνω	παίρνω

មាន

έχω

ធ្វើរើ

κάνω

គឺ

είμαι

ឈរ

στέκομαι

រត់

τρέχω

ទាញ

τραβάω

បោះ

ρίχνω

ធ្លាក់

πέφτω

កុហក

ξαπλώνω

រង់ចាំ

περιμένω

យួរ

κουβαλώ

អង្គុយ

κάθομαι

ស្លៀកពាក់

φοράω

ដេក

κοιμάμαι

ភ្ញាក់ឡើង

ξυπνάω

មเมีល

κοιτάω

យ័ំ

κλαίω

គូសវាស

χαϊδεύω

សិតសក់

χτενίζω

និយាយ

μιλάω

យល់

καταλαβαίνω

សួរ

ρωτάω

ស្ដាប់

ακούω

ផឹក

πίνω

បរិភោគ

τρώω

សម្អាត

συγυρίζω

ស្រលាញ់

αγαπάω

ចម្អិន

μαγειρεύω

បเណีកបរ

οδηγώ

ហเเោះ

πετάω

ចេកទូក

κάνω ιστιοπλοΐα

គណនា

υπολογίζω

អាន

διαβάζω

រៀន

μαθαίνω

ធ្វើការ

δουλεύω

រៀបការ

παντρεύομαι

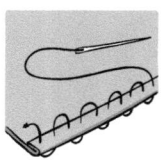

ដេរ

ράβω

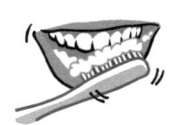

ដុសធ្មេញ

βουρτσίζω τα δόντια

សម្លាប់

σκοτώνω

ជក់

καπνίζω

ផ្ញើ

στέλνω

ជីដូន
γιαγιά

ជីតា
παππούς

ឪពុក
πατέρας

ម្តាយ
μητέρα

ទារក
μωρό

កូនស្រី
κόρη

កូនប្រុស
γιος

ភ្ញៀវ
καλεσμένος

មីង
θεία

ពូ
θείος

បងប្អូនប្រុស
αδελφός

បងប្អូនស្រី
αδελφή

រាងកាយ

σώμα

ថ្ងាស
μέτωπο
ភ្នែក
μάτι
ស្មា
ώμος
ម្រាមដៃ
δάχτυλο
មុខ
πρόσωπο
ចង្កា
πιγούνι
ដៃ
χέρι
ជើង
πόδι
សុដន់
στήθος
ដៃ
βραχίονας

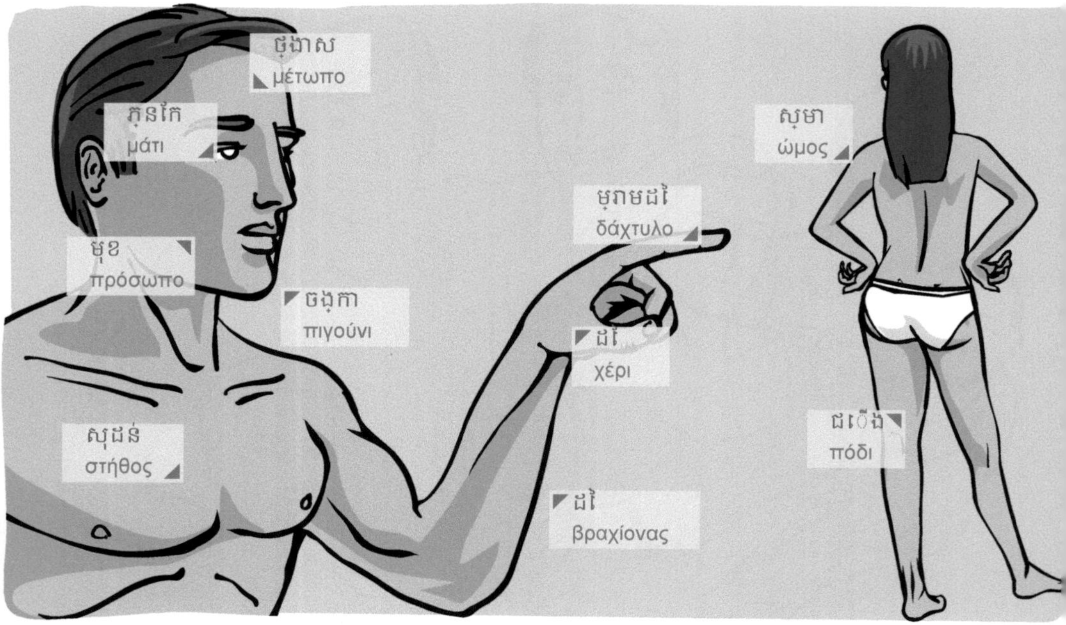

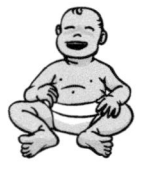

ទារក

μωρό

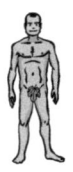

បុរស

άνδρας

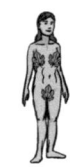

ស្ត្រី

γυναίκα

ក្មេងស្រី

κορίτσι

ក្មេងប្រុស

αγόρι

ក្បាល

κεφάλι

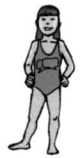

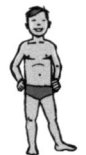

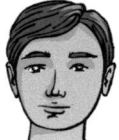

ខ្នង

πλάτη

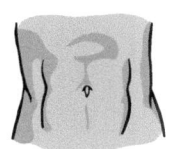

ពោះ

κοιλιά

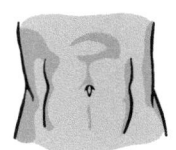

ផ្ចិត

αφαλός

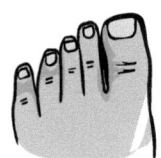

ម្រាមជើង

δάχτυλο ποδιού

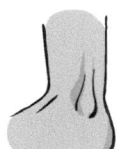

កែងជើង

φτέρνα

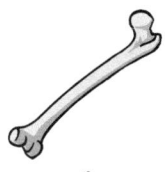

ឆ្អឹង

κόκκαλο

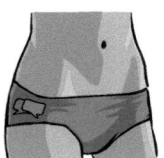

គូទភាគ

γοφός

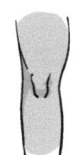

ជង្គង់

γόνατο

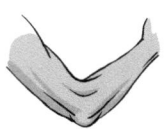

កែងដៃ

αγκώνας

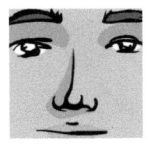

ច្រមុះ

μύτη

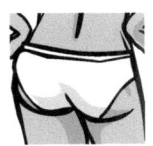

គូទ

γλουτός

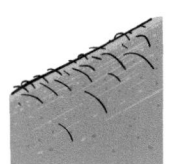

ស្បែក

δέρμα

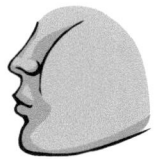

ថ្ពាល់

μάγουλο

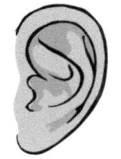

គូរចៀក

αυτί

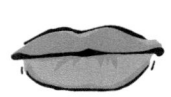

បបូរមាត់

χείλος

មាត់

στόμα

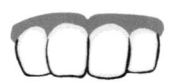

ធ្មេញ

δόντι

អណ្ដាត

γλώσσα

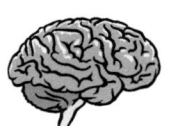

ខួរក្បាល

εγκέφαλος

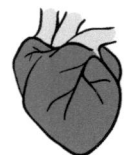

បេះដូង

καρδιά

សាច់ដុំ

μυς

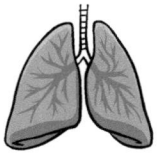

សួត

πνεύμονας

ថ្លើម

συκώτι

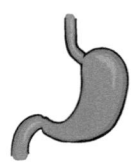

ក្រពះ

στομάχι

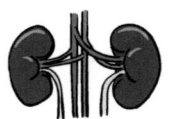

តម្រងនោម

νεφρά

ការរួមភេទ

σεξουαλική επαφή

ស្រោមអនាម័យ

προφυλακτικό

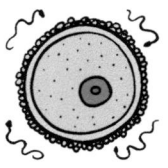

អូវុល

ωάριο

ទឹកកាម

σπέρμα

ការមានផ្ទៃពោះ

εγκυμοσύνη

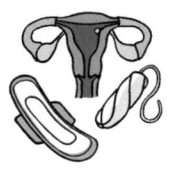

មករដូវ
....
περίοδος

ទ្វារមាស
....
γυναικείος κόλπος

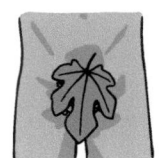

លិង្គ
....
πέος

ចិញ្ចើម
....
φρύδι

សក់
....
μαλλιά

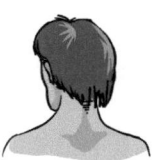

ក
....
λαιμός

មន្ទីរពេទ្យ

νοσοκομείο

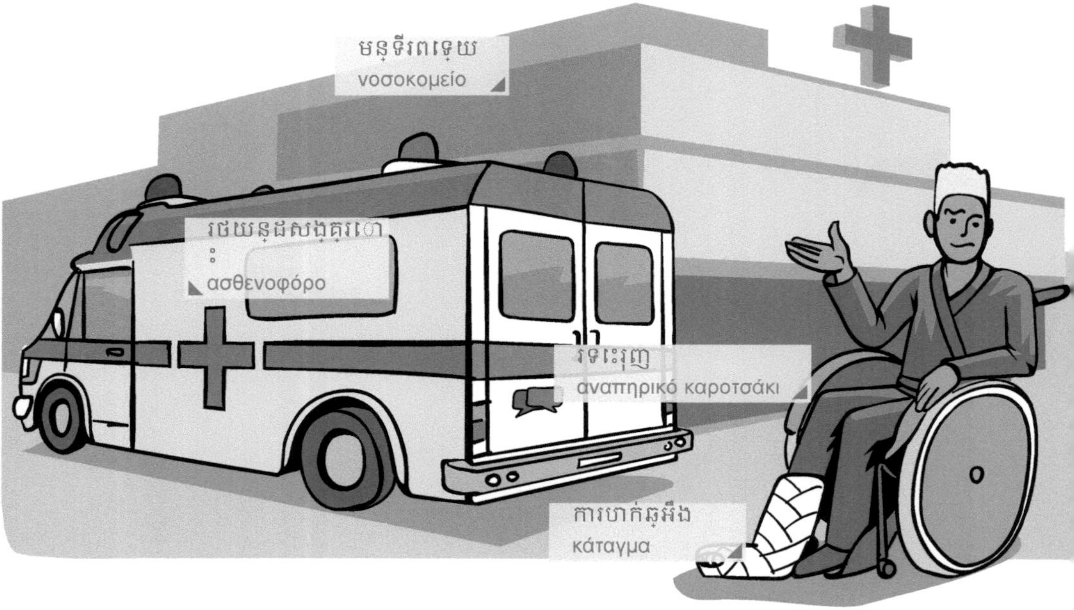

មន្ទីរពេទ្យ
νοσοκομείο
រថយន្តសង្គ្រោះ
ασθενοφόρο
រទេះរុញ
αναπηρικό καροτσάκι
ការបាក់ឆ្អឹង
κάταγμα

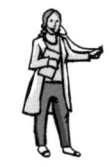

វេជ្ជបណ្ឌិត

γιατρός

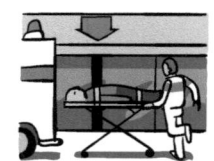

បន្ទប់សង្គ្រោះបន្ទាន់

μονάδα εντατικής θεραπείας

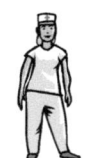

គិលានុបដ្ឋាយិកា

νοσοκόμα

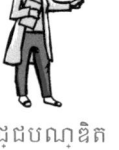

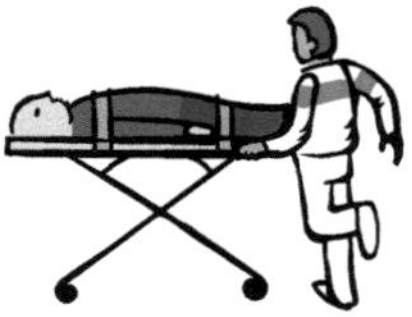

សង្គ្រោះបន្ទាន់

έκτακτη ανάγκη

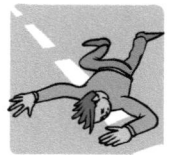

សន្លប់

λιπόθυμος

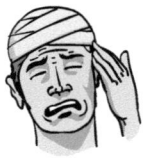

ការឈឺចាប់

πόνος

ការរងរបួស

τραύμα

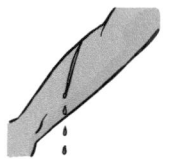

ការហូរឈាម

αιμορραγία

គាំងបេះដូង

έμφραγμα

ជម្ងឺដាច់សរសៃឈាមក្នុងក្បាល

εγκεφαλικό

អាលែកហ្ស៊ី

αλλεργία

ក្អក

βήχας

ជំងឺគ្រុន

πυρετός

ជំងឺផ្តាសាយ

γρίπη

ជំងឺរាគ្រូស

διάρροια

ឈឺក្បាល

πονοκέφαλος

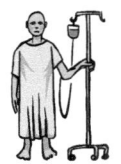

ជំងឺមហារីក

καρκίνος

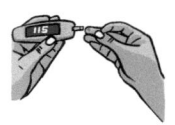

ជំងឺទឹកនោមផ្អែម

διαβήτης

គ្រូពេទ្យវះកាត់

χειρουργός

កាំបិតវះកាត់

νυστέρι

ប្រតិបត្តិការ

εγχείρηση

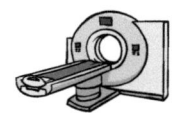

CT

αξονική τομογραφία

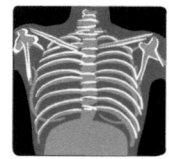

កាំរស៊ីម៉ាអ៊ិច

ακτινογραφία

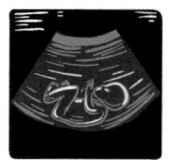

អាកូ

υπέρηχος

របាំងមុខ

μάσκα

ជំងឺ

ασθένεια

បន្ទប់បន្ទាប

αίθουσα αναμονής

ឈើច្រត់

πατερίτσα

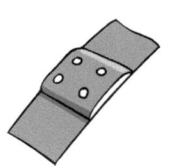

មុនាងសិលា

χάνσαπλαστ

បង់រុំ

επίδεσμος

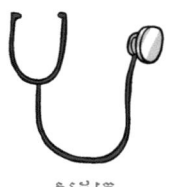

ការចាក់ថ្នាំ

ένεση

ស្ដេតូ

στηθοσκόπιο

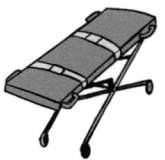

សុនដៃប្រូស

φορείο

ទែម៉ូម៉ែត្រវេជ្ជសាស្ត្រ

θερμόμετρο

កំណើត

γέννηση

លើសទម្ងន់

υπέρβαρο

ឧបករណ៍ជំនួយការស្ដាប់

ακουστικό βαρηκοΐας

សារធាតុសម្លាប់មេរោគ

αντισηπτικό

ការឆ្លងមេរោគ

λοίμωξη

មេរោគ

ιός

មេរោគអេដស៍ / ជំងឺអេដស៍

HIV/AIDS

ថ្នាំពេទ្យ

φάρμακο

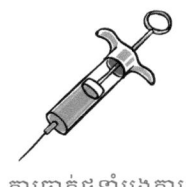

ការចាក់ថ្នាំបង្ការ

εμβολιασμός

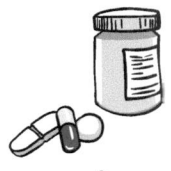

ថ្នាំគ្រាប់

δισκία

ថ្នាំគ្រាប់

χάπι

ការហៅទៅពេលអាសន្ន

κλήση έκτακτης ανάγκης

ឧបករណ៍ពិនិត្យសម្ពាធ
ឈាម

πιεσόμετρο αίματος

ឈឺ / មានសុខភាពល្អ

άρρωστος / υγιής

ជំនួយ!
Βοήθεια!

សំឡេងរោទ៍
συναγερμός

ការវាយលុក
βιαιοπραγία

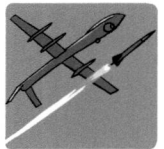

ការវាយប្រហារ
επίθεση

គ្រោះថ្នាក់
κίνδυνος

ច្រកចេញគ្រោះអាសន្ន
έξοδος κινδύνου

អគ្គីភ័យ!
Φωτιά!

បំពង់ពន្លត់អគ្គិភ័យ
πυροσβεστήρας

គ្រោះថ្នាក់
ατύχημα

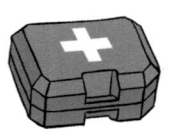

ឧបករណ៍ជំនួយបឋម
κουτί πρώτων βοηθειών

SOS
SOS

ប៉ូលីស
αστυνομία

អឺរុប

Ευρώπη

អាមេរិកខាងជើង

Βόρεια Αμερική

អាមេរិកខាងត្បូង

Νότια Αμερική

អាហ្វ្រិក

Αφρική

អាស៊ី

Ασία

អូស្រ្តាលី

Αυστραλία

អាត្លង់ទិច

Ατλαντικός Ωκεανός

ប៉ាស៊ីហ្វិក

Ειρηνικός Ωκεανός

មហាសមុទ្រឥណ្ឌា

Ινδικός Ωκεανός

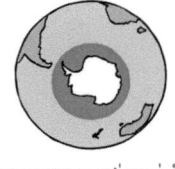

មហាសមុទ្រអង់តាក់ទិច

Ανταρκτικός Ωκεανός

មហាសមុទ្រអាកទិច

Αρκτικός Ωκεανος

ប៉ូលខាងជើង

Βόρειος Πόλος

ប៉ូលខាងត្បូង

Νότιος Πόλος

អង់តាក់ទិក

Ανταρκτική

ផែនដី

Γη

ដីគោក

γη

សមុទ្រ

θάλασσα

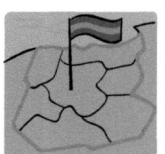

កោះ

νησί

ប្រទេសជាតិ

έθνος

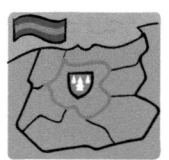

រដ្ឋ

πολιτεία

មុខនាឡិកា

καντράν ρολογιού

ទ្រនិចម៉ោង

ωροδείκτης

ទ្រនិចនាទី

λεπτοδείκτης

ទ្រនិចវិនាទី

δείκτης δευτερολέπτων

ម៉ោងប៉ុន្មាន?

Τι ώρα είναι;

ថ្ងៃ

ημέρα

ពេលវេលា

χρόνος

ឥឡូវនេះ

τώρα

នាឡិកាឌីជីថល

ψηφιακό ρολόι

នាទី

λεπτό

ម៉ោង

ώρα

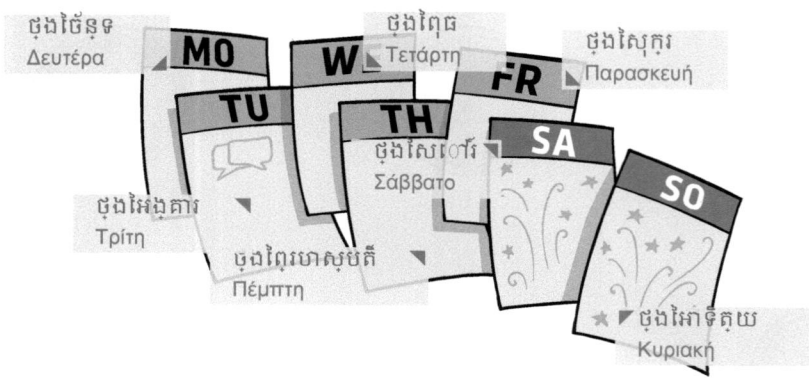

ថ្ងៃច័ន្ទ
Δευτέρα

ថ្ងៃពុធ
Τετάρτη

ថ្ងៃសុក្រ
Παρασκευή

ថ្ងៃអង្គារ
Τρίτη

ថ្ងៃសៅរ៍
Σάββατο

ថ្ងៃព្រហស្បតិ៍
Πέμπτη

ថ្ងៃអាទិត្យ
Κυριακή

មុសិលមិញ
χθες

ថ្ងៃនេះ
σήμερα

ថ្ងៃស្អែកកែ
αύριο

ព្រឹក
πρωί

ថ្ងៃត្រង់
μεσημέρι

ល្ងាច
βράδυ

ថ្ងៃធ្វើការ
εργάσιμες ημέρες

ថ្ងៃសប្តាហ៍
Σαββατοκύριακο

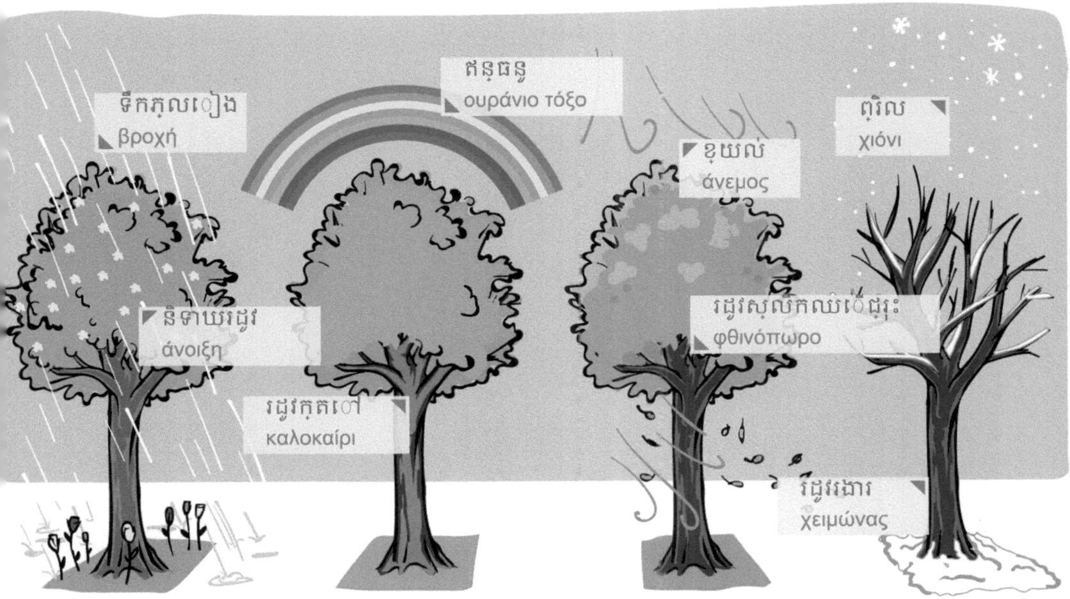

ទឹកភ្លៀង
βροχή
ឥន្ទធនូ
ουράνιο τόξο
ខ្យល់
άνεμος
ព្រិល
χιόνι
និទាឃរដូវ
άνοιξη
រដូវក្តៅ
καλοκαίρι
រដូវស្លឹកឈើជ្រុះ
φθινόπωρο
រដូវរងារ
χειμώνας

4.APRIL 11°
5.APRIL 4°
6.APRIL 13°
7.APRIL 8°
8.APRIL 10°

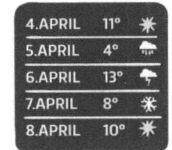

ការព្យាករណ៍អាកាសធាតុ

πρόγνωση καιρού

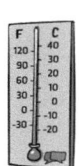

F C
120 40
90 30
60 20
30 10
0 0
-30 -10
-20

ទែម៉ូម៉ែត្រ

θερμόμετρο

ពន្លឺថ្ងៃ

λιακάδα

ពពក

σύννεφο

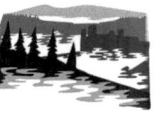

អ័ព្ទ

ομίχλη

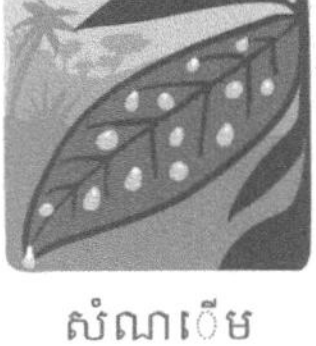

សំណើម

υγρασία

រន្ទះ
αστραπή

ផ្គរ
κεραυνός

ព្យុះ
καταιγίδα

ព្រិល
χαλάζι

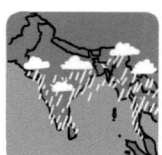

ខ្យល់មូសុង
μουσώνας

ទឹកជំនន់
πλημμύρα

ទឹកកក
πάγος

ខែមករា
Ιανουάριος

ខែកុម្ភៈ
Φεβρουάριος

ខែមីនា
Μάρτιος

ខែមេសា
Απρίλιος

ខែឧសភា
Μάιος

ខែមិថុនា
Ιούνιος

ខែកក្កដា
Ιούλιος

ខែសីហា
Αύγουστος

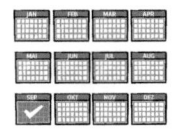

ខែកញ្ញា

Σεπτέμβριος

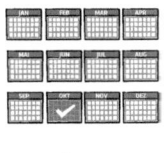

ខែតុលា

Οκτώβριος

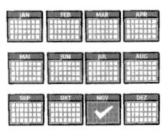

ខែវិច្ឆិកា

Νοέμβριος

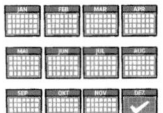

ខែធ្នូ

Δεκέμβριος

រាង

σχήματα

រង្វង់

κύκλος

ការ៉េ

τετράγωνο

ចតុកោណកែង

ορθογώνιο
παραλληλόγραμμο

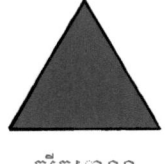

ត្រីកោណ

τρίγωνο

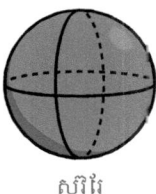

ស្វ៊ែរ

σφαίρα

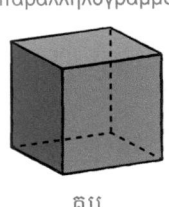

គូប

κύβος

ពណ៌ស

άσπρο

ពណ៌លឿង

κίτρινο

ពណ៌ទឹកក្រូច

πορτοκαλί

ពណ៌ផ្កាឈូក

ροζ

ពណ៌ក្រហម

κόκκινο

ពណ៌ស្វាយ

μωβ

ពណ៌ខៀវ

μπλε

ពណ៌បៃតង

πράσινο

ពណ៌ទឹកក្រូច

καφέ

ពណ៌ប្រផេះ

γκρι

ពណ៌ខ្មៅ

μαύρο

ច្រើន / តិចតួច

πολύ / λίγο

ខឹង / គួរជាក់ចិត្ត

θυμωμένος / ήρεμος

ស្រស់ស្អាត / អាក្រក់

όμορφος / άσχημος

ចាប់ផ្តើម / បញ្ចប់

αρχή / τέλος

ធំ / តូច

μεγάλος / μικρός

ភ្លឺ / ងងឹត

φωτεινός / σκοτεινός

បងប្អូនប្រុស / បងប្អូនស្រី

αδελφός / αδελφή

ស្អាត / កខ្វក់

καθαρός / λερωμένος

ពេញលេញ / មិនពេញលេញ

πλήρης / ατελής

ថ្ងៃ / យប់

ημέρα / νύχτα

ស្លាប់ / នៅរស់

νεκρός / ζωντανος

ធំទូលាយ / តូចចង្អៀត

φαρδύς / στενός

អាចបរិភោគបាន /
មិនអាចបរិភោគបាន

βρώσιμος / μη βρώσιμος

ចិត្តអាក្រក់ / ចិត្តល្អ

κακός / ευγενικός

ការរំភើប / អផ្សុក

ενθουσιασμένος /
βαριεστημένος

ធាត់ / ស្គម

παχύς / λεπτός

ដំបូង / ចុងក្រោយ

πρώτος / τελευταίος

មិត្តភក្តិ / សត្រូវ

φίλος / εχθρός

ពេញ / ទទេ

γεμάτος / άδειος

រឹង / ទន់

σκληρός / μαλακός

ធ្ងន់ / ស្រាល

βαρύς / ελαφρύς

ភាពអត់ឃ្លាន /
ការស្រេកឃ្លាន

πείνα / δίψα

ឈឺ / មានសុខភាពល្អ

άρρωστος / υγιής

ខុសច្បាប់ / ត្រូវច្បាប់

παράνομος / νόμιμος

ឆ្លាតវៃ / ឆ្កួត

έξυπνος / χαζός

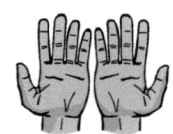

ឆ្វេង / ស្តាំ

αριστερός / δεξιός

ជិត / ឆ្ងាយ

κοντινός / μακρινός

ថ្មី / ហានប្បូរេ៍

καινούριος /
μεταχειρισμένος

គ្មានអ្វីសោះ / អ្វីមួយ

τίποτα / κάτι

ចាស់ / កុមង៉

γέρος | νέος

បេ៉ីក / បិទ

αναμμένος / σβηστός

បេ៉ីក / បិទ

ανοιχτός / κλειστός

ស្ងប់ស្ងាត់ / ឭខ្លាំង

χαμηλόφωνος /
μεγαλόφωνος

មាន / ក្រ

πλούσιος / φτωχός

គ្រូវ / ខុស

σωστός / λανθασμένος

គ្រើម / រលោង

τραχύς / λείος

ពិហាកចិត្ត / សប្បាយចិត្ត

λυπημένος / χαρούμενος

ខ្លី / វែង

κοντός / μακρύς

យឺត / លឿន

αργός / γρήγορος

សើម / ស្ងួត

υγρός / στεγνός

ក្តៅ / ត្រជាក់

ζεστός / δροσερός

សង្គ្រាម / សន្តិភាព

πόλεμος / ειρήνη

ផ្ទុយគ្នា - αντίθετα

0

សូន្យ

μηδέν

1

មួយ

ένα

2

ពីរ

δύο

3

បី

τρία

4

បួន

τέσσερα

5

ប្រាំ

πέντε

6

ប្រាំមួយ

έξι

7

ប្រាំពីរ

εφτά

8

ប្រាំបី

οκτώ

9

ប្រាំបួន

εννιά

10

ដប់

δέκα

11

ដប់មួយ

έντεκα

12
ដប់ពីរ
δώδεκα

13
ដប់បី
δεκατρία

14
ដប់បួន
δεκατέσσερα

15
ដប់ប្រាំ
δεκαπέντε

16
ដប់ប្រាំមួយ
δεκαέξι

17
ដប់ប្រាំពីរ
δεκαεφτά

18
ដប់ប្រាំបី
δεκαοκτώ

19
ដប់ប្រាំបួន
δεκαεννέα

20
ម្ភៃ
είκοσι

100
រយ
εκατό

1.000
ពាន់
χίλια

1.000.000
លាន
εκατομμύριο

អង់គុលសេ

Αγγλικά

អង់គុលសេអាមរិក

Αμερικάνικα Αγγλικά

ចិនកុកឌី

Μανδαρίνικα Κινέζικα

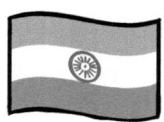

ហិណ្ឌូ

Χίντι

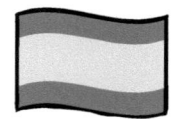

អេស្ប៉ាញ

Ισπανικά

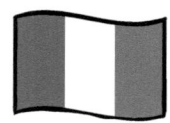

ហារំង

Γαλλικά

អារ៉ាប់

Αραβικά

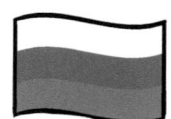

រុស្សី

Ρώσικα

ព័រទុយហ្គាល់

Πορτογαλικά

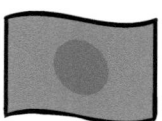

បង់ក្លាដសៃ

Μπενγκάλι

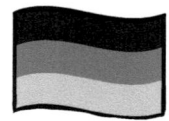

អាល្លឺម៉ង់

Γερμανικά

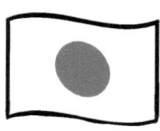

ជប៉ុន

Ιαπωνικά

ខ្ញុំ

εγώ

អ្នក

εσύ

គាត់ / នាង / វា

αυτός / αυτή / αυτό

យើង

εμείς

អ្នក

εσείς

ពួកគេហេន

αυτοί / αυτές / αυτά

នរណា?

ποιος / ποια / ποιο;

អ្វី?

τι;

របៀបណា?

πώς;

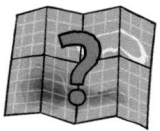

កន្លែងណា?

πού;

ពេលណា?

πότε;

ឈ្មោះ

όνομα

កន្លែង

ΠΟΥ

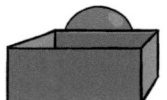

ពីក្រោយ
....
πίσω

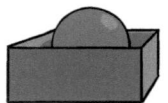

ក្នុង
....
μέσα

ពីមុខ
....
μπροστά

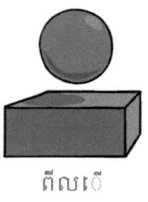

ពីលើ
....
πάνω από

នៅលើ
....
πάνω

នៅក្រោម
....
κάτω

នៅក្បែរ
....
δίπλα

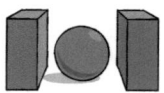

រវាង
....
ανάμεσα

កន្លែង
....
μέρος